JN070924

詳解

地域子育て支援拠点
ガイドラインの手引

子ども家庭福祉の制度・実践をふまえて

第4版

編著　渡辺 顕一郎／橋本 真紀
編集　NPO法人子育てひろば全国連絡協議会

中央法規

は　じ　め　に

　地域子育て支援拠点事業は、児童福祉法に基づく子育て支援事業、社会福祉法における第2種社会福祉事業に位置づけられており、子育て家庭にとって身近な地域の拠点として、子育て支援の中核的機能を担うことが期待されています。その一方で、本事業は、主に保育所に併設されてきた「地域子育て支援センター」と子育て当事者による草の根的な運動から発展してきた「つどいの広場」、および児童館の子育て支援機能の活用により再編・統合されて誕生した経緯から、運営主体は市町村、社会福祉法人、NPO・市民団体等となっており、それらに従事するものも保育士、子育て経験者、児童厚生員等のさまざまな背景の実践者が混在し、支援内容の多様化が進んできました。

　本来、地域子育て支援拠点における取り組みは、地域特性や子育て環境の変化等を踏まえ柔軟に展開されることが望まれますが、一方で、当該事業に求められる社会的責任を背景に、基礎となる原理・原則や方法論、支援者の役割等を明らかにする必要性が高まってきました。

　そこで、当該事業の基本的な理念や理論の明確化に努め、支援内容の標準化と質的向上を図るための研究に取り組み、日本福祉大学の渡辺顕一郎先生を主任研究者として実施された『平成21年度児童関連サービス調査研究等事業「地域子育て支援拠点事業における活動評価の分析及び普及可能なガイドラインの作成に関する研究」（一般財団法人こども未来財団）』の成果として2010（平成22）年7月に「地域子育て支援拠点事業における活動の指標『ガイドライン』普及版」が発行されました。さらに、平成22年以降の子育て環境の変化と、子ども・子育て支援新制度の施行や児童福祉関連制度の改正などの政策的動向を踏まえ、2014（平成26）年に厚生労働省が定めた「地域子育て支援拠点事業実施要綱」に合わせて、2017（平成29）年3月にその運営上の指南書である「ガイドライン」の全体的な見直しをいたしました。

　特に、社会福祉事業として継続的に業務改善を行い、支援の質を向上させていくため検討委員会を設置し、自己評価や第三者評価の実施が求められていることを踏まえて、地域子育て支援拠点の支援者が自主的に自己評価に取り組むことができるよう、「ガイドラインに基づく自己評価表」の改訂を行い、「利用者向けアンケート」も併せて作成しています。

　なお、ガイドラインの基礎となる作業モデルとして取り組んできた一連の研究は、以下の通りとなっています。これまでの調査研究にご協力いただきました、多くの有識者の皆様、実践者の皆様方に、心より御礼申し上げます。

　　○『拠点型地域子育て支援におけるプログラム活動のあり方に関する研究』
　　　（平成17年度児童関連サービス調査研究等事業、こども未来財団）
　　○『拠点型地域子育て支援における従事者に対する研修プログラムの開発』
　　　（平成18年度児童関連サービス調査研究等事業、こども未来財団）

○『地域子育て支援拠点事業における活動の指標「ガイドライン」作成に関する研究』
（平成 20 年度児童関連サービス調査研究等事業、こども未来財団）
○『地域子育て支援拠点事業における活動評価の分析及び普及可能なガイドラインの作成に
関する研究』
（平成 21 年度児童関連サービス調査研究等事業、こども未来財団）

　最後に、実践報告のヒアリングに快く応じてくださった実践者の皆様、原稿の見直しにご尽力いただきました執筆者の皆様、助成いただきました住友生命保険相互会社様、粘り強く改訂にお付き合いいただきました出版社の皆様に、深く感謝申し上げます。
　本書が、地域子育て支援に関心のある多くの方々に活用され、全国の地域子育て支援拠点において指針となり、支援の質的向上に寄与できれば、これほどうれしいことはありません。

2022（令和 4）年 12 月
NPO 法人子育てひろば全国連絡協議会
理事長　奥山 千鶴子

もくじ

はじめに

第4章　地域子育て支援拠点における課題————— 107

第1章

子ども家庭福祉と
子育て支援

第1章 子ども家庭福祉と子育て支援

1. 子ども家庭福祉の制度

❶子ども家庭福祉とは

　近年、児童福祉分野においては、子どもを育てる親への支援が重視されています。「子ども家庭福祉」とは、子どもを直接のサービスの対象とする児童福祉の視点を超え、子どもが生活し成長する家庭をも福祉サービスの対象として認識していこうとする考え方です[1]。

　家族を一つの"単位"としてとらえると、結婚、出産、育児、子どもの自立、夫婦の老いを経験するなかで、家族の関係性や営みの変化がみえてきます。このように、家族全体をとらえる視点（family as a whole）が、欧米のソーシャルワークでは重視されてきました。

　言い換えるなら、家庭の調和を維持しながら、家族全体が発達を遂げる過程を見守る視点が大切なのです。つまり、子ども家庭福祉が目指すところは、子どもにとっても、親にとっても調和のとれた家庭生活であるといえます。

　子ども家庭福祉の成立に影響を与えた動向として、1989（平成元）年に国連総会で採択（日本は1994（平成6）年に批准）された「児童の権利に関する条約」（以下、子どもの権利条約）があげられます。子どもの権利条約では「児童の最善の利益」の尊重を中心に、従来の国際的な声明や宣言に比べて、子どもの市民的自由や、権利を行使する主体としての位置づけを明確に規定しています。その後、2006（平成18）年には加盟国が193か国に達し、世界的な評価を受けるだけでなく、日本国内での政策の立案や実践においても、影響を与えています。

　1999（平成11）年には、児童福祉に携わる研究者や実践者によって、日本子ども家庭福祉学会が設立されました。その趣意書のなかでは、子どもの権利条約の理念をふまえ、「子どもと親のウェルビーイング（個の尊重と自己実現）の促進」という重要な考え方が示されました[2]。

　以上の点をふまえたうえで、本書では「子ども家庭福祉」の定義を以下のように示しておきます。

　　　子ども家庭福祉とは、子どもと保護者の主体性を尊重しつつ、家族の安

1：柏女霊峰『子ども家庭福祉サービス供給体制——切れめのない支援をめざして』中央法規出版，2008.
2：『日本子ども家庭福祉学会（Japanese Society of Child and Family Welfare）設立趣意書』1999.

定と発達を促すために、児童・家庭福祉を総合的な見地から網羅し、一体的な支援のあり方を追求する領域である。

　なお、本書で着目する「子育て支援」とは、子どもを健やかに育むだけでなく、保護者の"より豊かな子育て"を促進する視点を重視します。子どもにとっても、親にとっても意味のある支援を行うためには、このような子ども家庭福祉の考え方に立つことが大切です。

❷分断されてきた社会福祉制度

　日本の社会福祉制度は、高齢者福祉、障害者福祉、児童福祉というように、対象者別に分野が区切られています（表 1-1 を参照）。しかし、どの分野でも、家族関係が個人の問題と深くかかわっていたり、家族全体が危機的な状況に陥るような場合が起ってきます。

　たとえば、児童虐待の事例では、家庭の生活基盤が脆弱であり、経済的な困難がある、ひとり親である、保護者に疾病や障害があるなど、児童福祉法以外の支援が必要な場合が多々あります。つまり、児童福祉の内外を超えた専門職の連携がなければ効果的な支援を行うことはできません。

　子ども家庭福祉という観点に立てば、家庭生活に関与する人々や組織を総合的にとらえることが重要です。制度間の縦割り、専門領域の相違、専門職と非専門職の壁を越えて、社会連帯に基づく支援を視野に入れるべきです。この社会連帯の単位として、近年の制度改正では、住民にとって最も身近な市区町村の位置づけが高まっています。

　以下、各種制度の概要に触れておきます。

表 1-1　社会福祉法制度と児童福祉分野にかかわる法律

法の種類	法の概要
社会福祉法	社会福祉分野の全分野に共通する基本的な事項を定めた法律
社会福祉六法	社会福祉の活動分野を六つに分けて、それぞれの分野別の基本事項や施設・事業について定めた法律 ・生活保護法　　　　　　　　　・身体障害者福祉法 ・児童福祉法　　　　　　　　　・知的障害者福祉法 ・老人福祉法　　　　　　　　　・母子及び父子並びに寡婦福祉法
その他の法律	社会福祉六法には含まれないが、社会福祉の活動に関連の深い法律 ・高齢者の医療の確保に関する法律　・特別児童扶養手当等の支給に関する法律 ・介護保険法　　　　　　　　　・少年法 ・母子保健法　　　　　　　　　・障害者基本法 ・児童手当法　　　　　　　　　・精神保健及び精神障害者福祉に関する法律（精神保健福祉法） ・児童扶養手当法 ・障害者の日常生活及び社会生活を総合的に支援するための法律（障害者総合支援法）・社会福祉士及び介護福祉士法 ・子ども・子育て支援法　　　　・その他

1）社会福祉法

　社会福祉分野の全分野に共通する基本的な事項を定めた法律です。福祉事務所、社会福祉法人、共同募金などの規定があります。ここでは社会福祉事業の種類を述べます。

■第1種社会福祉事業

　利用者への影響が大きいため、経営安定を通じた利用者の保護の必要性が高い事業。児童福祉分野では、児童養護施設や障害児入所施設などの入所施設が含まれます。原則として、国、地方公共団体、社会福祉法人でなければ経営できません。

■第2種社会福祉事業

　比較的利用者への影響が小さいため、公的規制の必要性が低い事業。保育所、児童館、障害児の通所施設や居宅サービスなどが含まれます。経営主体に特に規制が設けられていないため、NPO法人や民間企業でも経営が可能です。

2）社会福祉六法

　社会福祉の活動分野を六つに分けて、それぞれの分野別の基本事項や施設・事業について定めた法律。子ども家庭福祉に関係が深い法律としては、児童福祉法や母子及び父子並びに寡婦福祉法があります。

3）児童福祉六法

　児童福祉法や母子及び父子並びに寡婦福祉法だけでなく、その他の法律のうち表中のアンダーラインを付した法律は、特に児童福祉に関連の深いもので、児童福祉法と母子及び父子並びに寡婦福祉法などとあわせて「児童福祉六法」とも呼ばれています。

❸児童福祉法と児童福祉施設

　児童福祉法には、子どもの権利条約の精神にのっとり、すべての子どもが適切な養育を受け、健やかな成長・発達や自立等を保障されることなどの理念が掲げられています。また、保護者とともに国や地方公共団体も、この理念の実現に向けた責任を負うことが規定されています。

　児童福祉法に定義する児童とは「満18歳に満たない者」すべてを指します。そのなかでも、1歳未満を「乳児」、満1歳から小学校に入学するまでを「幼児」、小学校就学の始期から満18歳に達するまでを「少年」と区分してい

ます。ただし、法律によって「児童」や「少年」の範囲が異なってくるので注意してください（表1-2を参照）。なお、2022（令和4）年度からの民法改正による成年年齢18歳への引き下げに伴い、少年法では18歳・19歳は「特定少年」として取り扱うこととなりました。

表1-2　法によって異なる「児童」の定義

	児童福祉法	学校教育法	少年法
法の目的	子どもの福祉	子どもの教育	犯罪を犯した子どもの更生
「児童」の範囲	18歳未満	小学校の課程にある者（特別支援学校を含む）	――
区分	乳児（0歳児） 幼児（1歳～小学校入学前） 少年（小学校～18歳未満）	幼児（幼稚園児） 児童（小学生） 生徒（中・高校生） 学生（大学生以上）	少年（20歳未満）

1）児童相談所

　児童福祉法に規定された中心的な相談機関として、児童相談所があります。保護者、児童本人、関係機関からの各種相談に応じ、判定、指導、一時保護、児童福祉施設入所などの措置を行うのが業務です。都道府県（および政令市）は必ず設置しなければなりません。

　児童相談所で対応する相談は、子どもの虐待、非行、障害、不登校など多岐にわたっています。とりわけ近年、児童虐待の相談対応が増加するなかで、児童相談所を増設する地方自治体が多く、箇所数は増え続けています（図1-1を参照）。

図1-1　児童相談所の現況

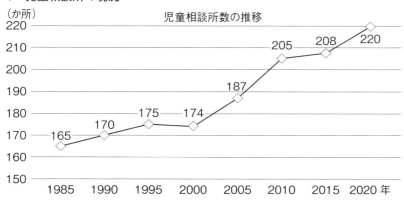

児童相談所には、以下の児童福祉司、児童心理司のほか、嘱託医や保育士などの専門職が配置されています。

■児童福祉司

いわゆる児童相談所の相談員（ケースワーカー）。子ども、保護者等から子どもの福祉に関する相談に応じ、必要な調査・支援・指導等を行う。

■児童心理司

児童相談所にて心理判定、心理療法、カウンセリングなどの業務を行う。

児童相談所の重要な働きとして、指導、一時保護、措置があります。具体的には、子どもやその保護者に対して必要な指導を行い、もし子どもの心身に危険が及ぶ場合には一時的に保護することもできます（一時保護所を併設する児童相談所は6割以上）。また、必要に応じて児童を施設等へ入所させる措置を決定する権限を、都道府県知事から委任されています。このような権限を「措置権」といいます。

2）児童福祉施設

児童福祉法に規定された施設は、表1-3に示したとおり13種類に及びます。社会福祉分野のなかでも、最も多くの施設が設けられています。

表1-3　児童福祉施設の概要

事業	施設種別	措置・非措置	申込（または措置機関）	設置か所数（全国）
②	助産施設	措置	福祉事務所	388
①	乳児院	措置	児童相談所	144
①	母子生活支援施設	契約利用	福祉事務所	212
②	保育所	契約利用	市町村	22,704
②	児童厚生施設（児童館）	―	―	4,398
①	児童養護施設	措置	児童相談所	612
②	福祉型児童発達支援センター	契約利用	市町村	642
②	医療型児童発達支援センター	契約利用	市町村	95
①	福祉型障害児入所施設	契約利用・措置	児童相談所	254
①	医療型障害児入所施設	契約利用・措置	児童相談所	220
①	児童心理治療施設	措置	児童相談所	51
①	児童自立支援施設	措置	児童相談所	58
②	児童家庭支援センター	―	―	144

※上記の設置か所数は厚生労働省「令和2年社会福祉施設等調査」に基づく。
※児童福祉法の一部改正により、2024（令和6）年度から、「福祉型」「医療型」に分かれている児童発達支援センターの類型をなくして一元化されることとなっている。

　左側の丸数字は、先述の社会福祉事業の種別（第1種・第2種）を示しています。また、児童相談所（または福祉事務所）の措置によって入所が決定する施設もあれば、保護者と施設との契約によって利用する施設もあります。ちなみに、児童厚生施設（児童館）および児童家庭支援センターは、契約がなくても自由に利用できる施設です。加えて右側の数字は、令和2年社会福祉施設等調査の概況に基づき、活動中の施設数を掲示しています。

❹児童福祉法と子育て支援

　これまで述べてきた児童相談所や児童福祉施設の多くは、児童虐待・障害・非行・不登校・経済的困難など、家庭だけでは解決できない問題に直面する子ども、その家族をおもな対象としています。しかし、社会的な支援を必要とするのは、このような家庭だけではありません。

　近年、核家族化がさらに進行し、地域の関係が希薄になるなかで、孤独な子育てを強いられる人たちが増えています。児童相談所による援助や保護が必要ではなくても、育児不安や孤立に悩む親は決して少なくありません。親が子どもに向き合い、子育てに取り組む意欲や気力が低下すれば、子どもの育ちにも影響が生じます。これは、児童福祉法の理念からみても問題です。

　このような社会的背景があって、2005（平成17）年度には児童福祉法に「子育て支援事業」が規定され、基礎自治体である市町村はその実施および体制の整備等に努めることとされました。おもな取り組みは以下のとおりです。

■保護者からの相談に応じ、情報の提供および助言を行う事業

　例）地域子育て支援拠点事業など

■保育所等において児童の養育を支援する事業

　例）一時保育、放課後児童クラブ、病児保育、子育て短期支援事業、幼稚園預かり保育事業など

■居宅において児童の養育を支援する事業

　例）養育支援訪問事業など

　その後、地域における子育て支援事業の推進・強化に関しては、市町村の役割がますます重視されるようになっています。たとえば、2012（平成24）年には、子ども・子育て支援法の成立に伴い、利用者支援事業が創設されました。これは、地域の教育・保育施設や子育て支援事業などを円滑に利用できるように、子どもや保護者にとって身近な場所で情報提供や相談に応じたり、関係機関との連絡調整等を総合的に行う事業です。加えて、市町村は、利用者支援事業などを中核とする「子育て世代包括支援センター」を設置し、妊娠期か

ら子育て期までの切れ目ない支援を提供する総合的な拠点づくりにも努めることが求められています[3]。

　さらに2016（平成28）年には児童福祉法等の一部が改正され、市町村に対しては、児童虐待の予防や早期支援を重視する観点から、子育て世代包括支援センターの全国展開を図るとともに、新たに「市区町村子ども家庭総合支援拠点」（以下、子ども家庭総合支援拠点）の設置に努めることとされました。また、2024（令和6）年度からは、子育て世代包括支援センターと子ども家庭総合支援拠点の組織を見直し、すべての妊産婦、子育て世帯、子どもへ一体的に相談支援を行う機関（こども家庭センター）の設置に努めることとなっています。このように市町村には、子育て家庭にとって身近な地域において包括的な子育て支援体制を構築しながら、児童福祉における予防型支援にも積極的に取り組むことが求められています。

（渡辺顕一郎）

2. 子ども家庭福祉の実践

❶社会的養護をめぐる状況

　家庭で子どもを養育できない場合（または児童虐待などによって家庭で子どもを養育することが適さない場合）に、児童福祉施設などで子どもを養育することを「社会的養護」といいます。社会的養護は児童養護施設に代表される「施設養護」が中心でしたが、近年、より家庭に近い環境のなかで養育する「家庭的養護」や、里親のように養育者の家庭に子どもを迎え入れて養育を行う「家庭養護」が注目されています。

　児童養護施設は、保護者のいない児童、虐待されている児童、その他環境上養護を要する児童を入所させて養護し、児童の自立を支援することを目的としています。施設の機能としては、子どもの生活（衣食住）を保障するだけでなく、個々の年齢・個性・家庭背景等に即した発達を保障することや、社会的な自立を支援する働きがあります。

　児童養護施設のほかにも、おもに乳児を対象として社会的養護を行う乳児院、非行少年の保護と自立を支援する児童自立支援施設、社会生活への適応が困難となった児童に対して心理的治療や生活指導を行う児童心理治療施設などがあります。それぞれに施設の働きは異なりますが、近年、虐待を受けた子どもの入所が増えています。

3：子育て世代包括支援センターは、法律上、母子保健法に「母子健康包括支援センター」という名称で規定されている。

図 1-2　近年の動向：大舎・中舎・小舎の割合

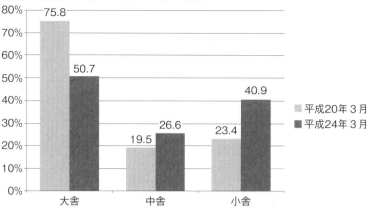

・調査回答施設数 552（平成 24 年）、489（平成 20 年）を母数とした割合
・1 施設で複数形態の処遇を実施する場合があるので、合計は 100％にならない
資料：厚生労働省「社会的養護の課題と将来像の実現に向けて」より筆者が作図

　さて、このように社会的養護を担う施設に関して、近年では施設の小規模化への移行が課題となっています。その背景には、「子どもにとって安定した保護者との長期的な関係を、具体的に保障できるように計画しなければならない」という、「パーマネンシー・プランニング（permanency planning)」の考え方があります。

　たとえば児童養護施設の場合、職員がひとときに関わる児童数が 20 人以上になる大舎施設が少なくありません。そのため、子ども一人ひとりへの個別ケアや愛着形成が困難にもなります。したがって、より少人数で生活集団を構成する中舎（13 〜 19 人）へ、さらに少人数の小舎（12 人以下）へという動きが起こっています。図 1-2 に示すように、実際に、2008（平成 20）年は児童養護施設の 7 割以上が大舎制だったのが 2012（平成 24）年には約 5 割に減少し、一方で中舎制や小舎制の施設の割合が増加しています。

　このような動きのなかで注目されてきたのが、家庭に近い環境のなかで養育する「家庭的養護」です。入所施設の小規模化を具体的に進め、少人数の生活単位でケアを実践するために、以下の二つの施設形態があります。

■地域小規模児童養護施設（グループホーム）
　本体施設の支援のもと、地域の民間住宅などを活用して家庭的養護を行う。定員は 6 人。

■小規模グループケア（ユニットケア）
　本体施設において、子どもの生活単位（ユニット）を小規模なグループに分けてケアを行う。1 グループ 6 人まで。

さらに近年では、保護の必要な児童を養育者の家庭において養育する「家庭養護」を推進する観点から、里親制度の積極的な活用が進められています。里親とは、ボランティア家庭に子どもの養育を委託する制度です。児童相談所の措置決定に基づいて、子どもに適した里親が選ばれます。一般的な「養育里親」のほかに、三親等内の親族が里親になる「親族里親」、児童虐待などの心身に有害な影響を受けた児童を専門に養育する「専門里親」（養育期間は原則2年以内）などがあります。

また、いわゆる里親制度の拡充型モデルとして、小規模住居型児童養育事業（ファミリーホーム）があります。これは、定員5〜6人の子どもを、養育者の住居で引き受けて家庭養護を行う方法です。従来の里親制度よりも多い人数ですが、一方で小舎施設よりも少人数で子どもを養育します。養育者以外に、職員を配置できるのが特徴です。

このように、社会的養護は全体として小規模で家庭的な養護を目指すようになっています。一方、子どもが虐待を受けないように、虐待そのものの発生を予防する視点も重要です。子育て支援に関しては、孤独な子育てを防ぐ予防型支援としての必要性が高まっています。

❷障害児支援をめぐる状況

1）身体障害と知的障害

はじめに、福祉制度において、障害児がどのように定義されているのかを述べます。発達障害の診断が確立される以前から、児童福祉の対象としてとらえてきたのは、以下の障害児です。

■身体障害児

　肢体不自由、視覚障害、聴覚、音声・言語機能障害、内部障害のある児童

■知的障害児

　知的機能の発達に遅れが認められる児童

■重症心身障害児

　重度の肢体不自由と重度の知的障害が重複して認められる児童

身体障害児に関しては、保護者からの申請によって身体障害者手帳が交付されます。障害の程度に応じて1〜7級までの等級に区分されており、手帳が交付されるのは6級までです。障害程度の判定基準は、身体障害者福祉法施行規則別表第5号「身体障害者障害程度等級表」に詳細に規定されています。手帳の申請は市町村を通して行い、指定医の診断書に基づいて交付されます。

知的障害児に関しても、同様に療育手帳が交付されます。身体障害者手帳ほ

ど詳細な判定基準がなく、障害の程度に応じてA判定、B判定の2段階の区分があります（地方自治体によってさらに細かい区分を設けている場合が多い）。障害程度の判定基準は、知能指数（IQ）を基本とし、そのほか、社会生活能力などを考慮して判断します。療育手帳の申請窓口は市町村ですが、判定は児童相談所が行うことになっています。

　厚生労働省による「平成28年生活のしづらさなどに関する調査」の結果では、身体障害者手帳を所持している在宅の児童が6万8000人、療育手帳を所持する在宅の児童が21万4000人とされており（いずれも推計値）、18歳未満人口の約1.5%の割合となっています。

　とくに近年では、早産、低出生体重児、出生後早期の脳炎・感染症等の生存率が向上し、肢体不自由児の重症化、障害の重複化がみられます。言い換えるなら、昔は救うことのできなかった幼い命を、医療の進歩によって救えるようになりました。ただし、重い後遺症が残る場合が多く、重度の障害児が増えています。なかでも、医療的ケアが日常的に必要な子どもたちは「医療的ケア児」と呼ばれ、障害児本人や家族への支援を整備することが急務となっています。

　もし十分な支援が受けられない場合、障害児だけでなく、家族が介護負担を過剰に抱え込むことにもなります。とりわけ、常時介護を必要とするうえに医療的ケアを要する子どもでは、居宅介護や短期入所も十分に活用できず、親子ともに、ほとんど家を出られないような状況に追い込まれる場合があります。こうした状況に対し、医療的ケア児の健やかな成長を図るとともに、その家族の離職の防止に資することなどを目的として、2021（令和3）年9月より「医療的ケア児及びその家族に対する支援に関する法律」が施行されています。

2）発達障害

　発達障害についてはおもに1990年代以降に診断が確立されるにつれて、社会的関心が急速に高まってきました。2005（平成17）年に施行された発達障害者支援法では、「発達障害」として自閉症、アスペルガー症候群その他の広汎性発達障害、学習障害（LD）、注意欠陥多動性障害（ADHD）などが規定されています。

　2007（平成19）年度からは、従来の「特殊教育」を「特別支援教育」に改めた新しい教育制度が始まりました。特殊教育諸学校（盲・聾・養護学校）を「特別支援学校」とし、障害の種別を越えた教育が実施されています。また、通常の学級に在籍している自閉症、LD、ADHDなどがある発達障害児も支援の対象として加えられました。文部科学省が2012（平成24）年に行っ

た調査では、義務教育段階の通常学級に在籍する児童・生徒の6.5％に発達障害の可能性が認められることが報告されています（医師による診断を経ていない子どもを含む）。

自閉症の障害特性としては、一般的に「社会関係の困難さ」「コミュニケーション能力の発達の遅れ」「興味や関心が狭く特定の事象へのこだわりが強い」などの特徴があげられます。ただし、そのあらわれ方には個人差があり、また知的発達の遅れを伴う人から知的能力が高い人まで幅広く分布していることから、最近では多様なパターンを含む複合体として「自閉スペクトラム症」や「自閉症スペクトラム障害」（スペクトラムとは連続体という意味）と呼ばれるようになっています。

LDは、全般的な知的発達の遅れはないのですが、読む・聞く・書く・話す・計算する・推論するなど、特定の学習能力において著しい困難が現れます。またADHDは、物事に向けた注意を持続することが困難であったり、多動性が高く、落ち着きがないなどの症状がみられます。なお、これらの発達障害についても、最近の医学的診断基準ではLDについて「限局性学習症（限局性学習障害）」、ADHDに関して「注意欠如・多動症（注意欠如・多動性障害）」と呼び、障害のとらえ方や特性についてさらに研究が進められているので、最新の動向に注目する必要があるでしょう。

他方、社会的養護の領域などでは、被虐待児への対応などをめぐって「愛着障害」が問題とされる場合があります。愛着障害は、おもに乳幼児期に親などの保護者との間で愛着関係が築かれなかったことによって情緒面や対人関係などに支障が生じるのですが、発達障害と類似する特徴がみられる場合があり見極めが難しいケースもあります。ただし、発達障害は脳の機能的・器質的要因に原因があることが前提とされており、いわゆる「親の育て方」に起因するものではありません。

3) 不足する障害児の支援

障害児支援に関しては、早期発見・早期支援が課題となっていますが、一方で障害児とその家族が利用できる社会的支援は不足しています。大都市圏では、保育所だけでなく、障害児が通う施設でも待機児童を抱えている地域があります。一方、都市部を離れれば、障害児に対応する支援がほとんど整備されていない地域が残されています。

障害児支援に関しては、2012（平成24）年度に児童福祉法等の大幅な改正が行われ、障害種別で分けられていた障害児入所施設・通園施設の再編や、保護者への相談支援の強化などが図られました。また、福祉制度上の「障害

児」の定義に、従来からの身体障害児や知的障害児だけでなく、発達障害児が正式に加えられました。

　近年、これらの障害の早期発見が進むにつれ、親が障害受容をめぐって心理的な動揺を経験する時期も乳幼児期へとシフトしてきています。この時期には、障害児を対象としたサービスを利用すること自体に抵抗感が生じやすく、社会的な孤立を避けるためにも、親に対する早期の心理的支援を行うことが重要です。また、子どもが成長するにつれて、家族が子育てや介護に伴う負担を抱え込むことがないように、家族支援の観点からも相談支援や居宅サービス等が必要とされます。

　障害児が家庭から通い、療育や訓練などの専門的支援を受けることができる場所として以下のものがあります。これらについては、身近な地域における施設（事業）として、家族支援にも積極的に取り組むことが求められます。

■児童発達支援センター（福祉型・医療型）
　児童発達支援センターは、おもに就学前の障害児とその家族に対して地域の中核的な支援機能を担う施設である。子どもが日々通う発達支援の場としての働きだけでなく、保護者への相談支援や、地域の保育所や幼稚園などへの保育所等訪問支援も行う。福祉型児童発達支援センターは医学的治療を必要としない身体障害、知的障害、発達障害のある子どもを対象とし、医療型児童発達支援センターは、肢体不自由児など医療を必要とする子どもを対象とする。なお、児童福祉法の一部改正により、2024（令和6）年度から「福祉型」「医療型」の類型をなくして一元化されることとなっている。

■児童発達支援事業
　おもに就学前の障害児に対して発達支援を行う事業である。前述の児童発達支援センターとは異なり、相談支援や保育所等訪問支援を必須としないが、それらを任意に行う事業所もある。

■居宅訪問型児童発達支援
　重度の障害があり、児童発達支援等の障害児通所支援を受けるために外出することが著しく困難な障害児に対して、居宅を訪問して発達支援を行う。

■放課後等デイサービス
　学齢期の障害児に対して、放課後や夏休み等の長期休暇中において、生活能力向上のための支援を提供する。これによって、学校教育と相まって障害

児の自立を促進するとともに、放課後等の居場所づくりを推進する。

　より具体的には、①自立支援と日常生活の充実のための活動、②創作的活動、③地域交流の機会の提供、④余暇の提供などの働きが求められている。

■保育所等訪問支援

　子どもが通う保育所や幼稚園などに専門職が出向き、発達支援を行う訪問型支援である（基本は２週間に１回程度）。児童発達支援センターなどから専門職が派遣される。就学前施設だけでなく、必要に応じて児童養護施設や乳児院、学校等への訪問も可能であるが、効果的な支援を行うためには訪問先の施設・学校との連携が重要である。

　本来、教育も福祉も「子どもの社会的自立」を目指すのなら、将来の姿をみすえなくてはなりません。障害のある子どもは、いずれ自分たちが少数派である社会に船出します。障害児ばかりを集めた集団からいきなり社会に飛び出して、辛く、苦しい思いをする障害者は少なくありません。障害のある子どもには、「特別な支援」か「他の子どもと同じ通常の生活」の二者択一ではなく、どちらも経験させてあげたいと考えます。そのような意味で、障害児の専門的支援を整備するだけでなく、保育所・幼稚園・普通学校などの一般施策における受け入れを拡充することも大切です。

　制度改正の枠組みを検討してきた「障害児支援の見直しに関する検討会」の報告書には、以下のような文章が記載されています[4]。

　　障害児については、子どもとしての育ちを保障していくとともに、障害があることについて専門的な支援を図っていくことが必要である。しかし、他の子どもと異なる特別な存在ではなく、他の子どもと同じ子どもであるという視点を欠いてはならない。障害のある子どももない子どもも、様々な子どもが互いのふれあいの中で育っていくことは、障害のある子どもにとってもない子どもにとっても有益なことと考えられる。（注：アンダーラインは筆者が付したもの）

　なお、2014（平成26）年には、日本政府も国連による「障害者の権利に関する条約」（以下、「障害者権利条約」）を批准し、締約国となりました。障害者権利条約は、障害のある人の基本的人権を促進・保護すること、固有の尊厳の尊重を促進することを目的としており、一般原則の中に「社会への完全参加とインクルージョン（包摂）」を掲げています。子どもの時期から障害のあ

4：「障害児支援の見直しに関する検討会」報告書, 厚生労働省, 2008.

る・なしにかかわらず、子どもたちが互いの存在を認め合い、ともに育みあう環境をつくり出すことは、共生社会の基本に位置づけられるべきです。この考え方は、子育て支援においても大切にされなくてはなりません。

（渡辺顕一郎）

3. 子ども家庭福祉の課題

❶継続的な少子化対策

　本節では、子育て支援をめぐる政策・制度の動向に着目しながら、今後の課題を論じていきます。日本における子育て支援の取り組みは、おもに少子化対策のなかに位置づけられてきました。これまでの少子化対策を端的にまとめると、図1-3のような流れになります。

　国による少子化対策は、少子化の進行に伴って、エンゼルプランを皮切りに5年ごとに見直しが図られてきました。2012（平成24）年には、既述のように「子ども・子育て支援法」が成立し、併せて「就学前の子どもに関する教育、保育等の総合的な提供の推進に関する法律」（以下、「認定こども園法」）や児童福祉法等の関連する法律も改正されました。これらの法制度は一部を除いて2015（平成27）年度から施行されており、「子ども・子育て支援新制度」と呼ばれています。

図1-3　出生率と少子化対策

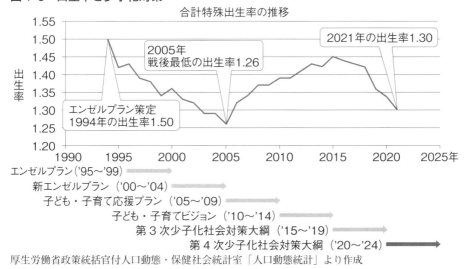

厚生労働省政策統括官付人口動態・保健社会統計室「人口動態統計」より作成

また、子育て支援（保育を含む）に関する取り組みの推進については、少子化社会対策大綱において表1-4に掲げる目標値も設定されています。

このように、子育て支援に関する社会的サービスは、少子化対策の推進を背景に整備が進められています。他方、実践上の課題としては、量的な整備とともに、支援の質を向上させることが大切です。どれだけ社会的サービスが整備されても、個々の取り組みの質が担保されていなくては実質的な効果に結びつきません。

保育所の「保育所保育指針」のように、放課後児童クラブ、一時預かり事業、児童館、子育て援助活動支援事業（ファミリー・サポート・センター事業）、地域子育て支援拠点事業に関してもすでに基本方針を示すガイドラインや実施要綱などが作成されています。このような指針や実施要綱などに基づき、支援の質の向上に努めるのが実践者に課せられた課題だといえるでしょう。

表1-4　第4次少子化社会対策大綱の施策に関する数値目標

	現状	数値目標
認可保育所等の定員	304万人（2022年4月）	320万人（2024年度）
延長保育事業	89.7万人（2021年度）	122.3万人（2024年度）
病児保育事業	延べ96.7万人（2021年度）	延べ207.5万人（2024年度）
認定こども園	9,209か所（2022年4月）	
放課後児童クラブ（放課後児童健全育成事業）	134.8万人（2021年5月）	152万人（2023年度）
地域子育て支援拠点事業	7,856か所（2021年度）市町村単独含まず	10,200か所（2024年度）市町村単独含まず
ファミリー・サポート・センター事業（子育て援助活動支援事業）	971市町村（2021年度）	1,150市町村（2024年度）
一時預かり事業	延べ332.2万人（2021年度）	延べ924.3万人（2024年度）
利用者支援事業	3,035か所（2021年度）〈内訳〉1,360か所（基本型・特定型）1,675か所（母子保健型）	3,600か所（2024年度）（基本型・特定型・母子保健型）

❷児童福祉における予防的機能と子育て支援事業

　先述のように、2005（平成17）年度には児童福祉法に「子育て支援事業」が規定され、市町村はその実施に努めることとされました。これは、子育て支援が単に少子化対策としてではなく、「すべての子どもの健全な育成と生活保障、自立支援」を理念とする児童福祉の支援として位置づけられたことを意味します。

　そもそも、地域子育て支援拠点事業は「保護者からの相談に応じ、情報の提供及び助言を行う事業」として規定されています。1990年代以降、地域子育て支援センター、つどいの広場として別個に成立してきた事業が、2007（平成19）年に統合され、現在の地域子育て支援拠点として発展してきた経緯があります。

　一方、2006（平成18）年には認定こども園法の成立によって、就学前児童の保育と幼児教育を総合的に提供する「認定こども園」が誕生しました。法律に基づく「認定こども園」の認定基準には、「地域における子育て支援（子育て相談、親子の集いの場の提供など）の実施」が盛り込まれているのが特徴です。

　今後、「認定こども園」の整備が進めば、地域子育て支援拠点と同様に親子の交流などに取り組む施設が増えると予想されます。また、2011（平成23）年に国から示された「児童館ガイドライン」においても、子育て支援機能の強化が盛り込まれています。

　子育て支援に関する取り組みが増えるのは望ましいことです。しかし、地域のなかにバラバラに点在したり、競合するのでは十分な効果が発揮されないでしょう。地域子育て支援拠点は、概ね3歳未満の低年齢児と保護者を対象とするのに対して、認定こども園は年長児も通う施設において子育て支援を実施します。また児童館は、18歳未満のすべての子どもを対象とする施設です。それぞれに特徴を生かした実践を行いながら、協力や連携によって、地域における子育て支援を展開することが重要です。

　また、市町村を単位とする子育て支援事業として、「乳児家庭全戸訪問事業」や「養育支援訪問事業」があります。前者は、乳児のいる家庭（生後4か月まで）を訪問し、不安や悩みを聞き、子育て支援に関する情報提供を行うとともに、支援が必要な家庭に対しては適切なサービス提供に結びつける事業です。また、後者は、特に養育支援が必要だと判断される家庭を保健師・助産師・保育士等が訪問し、養育に関する指導、助言等を行うものです。

　これらの訪問型事業では、いずれも児童福祉における予防的機能が期待され

ています。たとえば、訪問型事業で支援が必要だと判断された家庭に対して、訪問支援だけでなく、地域子育て支援拠点などを紹介し利用につなげることができれば、相乗的な支援効果を期待することができます。そのような観点からも、従来の保育、子育て支援、母子保健、教育という枠組みを超えて、地域のネットワークを形成することが重要な課題となっています。

　すでに「1. 子ども家庭福祉の制度」の❹の項目で述べてきたように、市町村は「子育て世代包括支援センター」を設置し、妊娠期から子育て期までの切れ目ない支援を提供する拠点づくりに努めることとされています。当然ながら、子どもの成長・発達に沿った継続的な支援体制を構築するためには、地域における連携やネットワークの形成が必要です。

　また、2016（平成28）年には児童福祉法等の一部が改正され、子育て世代包括支援センターの全国展開を図るとともに、新たに「市区町村子ども家庭総合支援拠点」の設置に努めることとされました。厚生労働省による当該事業の設置運営要綱では、子ども家庭総合支援拠点を「地域のリソースや必要なサービスと有機的につないでいくソーシャルワークを中心とした機能を担う拠点」と位置づけています。併せて「支援拠点が、福祉、保健・医療、教育等の関係機関と連携しながら、責任を持って必要な支援を行う」ことも明記されています[5]。

　このように、基礎自治体である市町村には、包括的かつ総合的な子育て支援体制を構築するとともに、一般的な子育て家庭だけでなく、いわゆる「心配な家庭」や要支援家庭なども視野に入れ、児童虐待などの問題の防止に取り組むことが求められています。都道府県及び市町村の役割という観点から見れば、都道府県や政令市が設置する児童相談所は専門的な介入や保護を必要とするより重篤なケースを対象とし、虐待の予防や早期支援はおもに市町村が担当するという役割分担が、従来よりも明確になったともいえるでしょう。

（渡辺顕一郎）

4. 地域で子育てを支えるために

❶子育て支援における連携の必要性

　「子ども・子育て支援法」の第2条（基本理念）では、「子ども・子育て支援は、（中略）家庭、学校、地域、職域その他の社会のあらゆる分野における全ての構成員が、各々の役割を果たすとともに、相互に協力して行われなけれ

5：児童福祉法等の一部改正により、2024（令和6）年度からは子育て世代包括支援センターと子ども家庭総合支援拠点の組織を見直し、「こども家庭センター」として一本化される見込みである。

ばならない」と記されています。

　このように社会全体で子育てを支えるためには、社会構成員がそれぞれの役割を果たすとともに立場や分野を超えた連携が必要になります。地域子育て支援拠点事業の実施要綱においても、他の専門機関、当事者による活動等と連携しながら事業を展開するように求められています（図1-4を参照）。連携やネットワークの意義は、地域の社会資源がつながり協力することで、お互いの機能を補い合う点にあります。したがって、まずは各機関や活動団体が、固有の機能と限界をしっかりと把握しておくことが必要です。役割と範囲を明確に把握しておくことで、責任をもって業務を遂行しつつ、必要に応じて他の機関や活動に役割を委ねることが可能となります。

　地域子育て支援拠点は、主として乳幼児を育てる家庭を対象とし、支援者の対応範囲は、子どもの育ちへの支援から養育支援、個人や家庭への直接的支援から地域環境への働きかけ、予防型支援から虐待等の事例までと幅広く多岐にわたっています。ですが、すべての家庭の問題やニーズに、拠点事業のみで対応することはできません。虐待、障害、ひとり親、低所得などによる困り感を抱える要支援家庭に関しては、自団体で抱え込まず、連携を図りながら効果的な支援を模索することが重要です。

図1-4　子どもの育ちや子育てを支えるための連携例

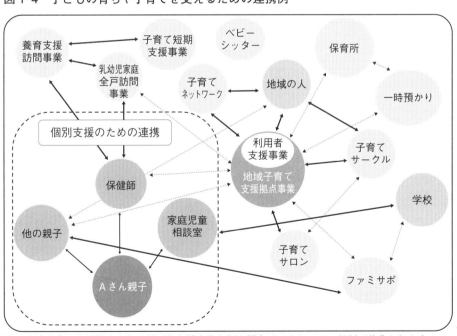

注：地域子育て支援拠点事業が利用者支援事業を担う場合は、より、この役割が強化されます。

❷ともに子育て支援を担う事業

　ここでは、地域子育て支援拠点での支援にあたって、同じ地域の中で協力しながら子育てを支えていく可能性がある事業を紹介します。子育て支援事業には、継続的または一時的に保護者から子どもを預かって保育を提供する就学前教育・保育事業と、保護者の子育てそのものを支えるためのサービスである「地域子ども・子育て支援事業」、多様な就労形態に対応した保育サービスの拡大を支援するための「仕事・子育て両立支援事業」があります。

1) 就学前教育・保育事業

① 保育所

　保護者の就労や疾病等の理由により、保育が必要な乳幼児を保育する児童福祉施設。保育の必要量によって「保育標準時間（11時間）」又は「保育短時間（8時間）」に区分され、それぞれの時間を超える際には「延長保育」となる。

② 幼稚園

　学校教育法に基づき、満3歳から小学校就学までの幼児に対して教育を行う施設。1日の標準保育時間は4時間とされているが、それを超えて「預かり保育」を行う施設も増えている。新制度に移行する園と、現行制度のまま継続する園がある。

③ 認定こども園

　就学前の子どもに対する保育及び幼児教育の双方を行うとともに、保護者に対する子育て支援の総合的な提供を行う施設。地域子育て支援の実施も必須となっている。保育所や幼稚園と同様に単一の施設である幼保連携型認定こども園を主として、そのほかの類型として幼稚園型、保育所型、地方裁量型がある。

④ 小規模保育

　国が定める最低基準に適合した施設で、市町村の認可を受けた主に0～2歳児を対象とした定員6人～19人の少人数の保育。

⑤ 家庭的保育

　家庭的保育者（市町村長が行う研修を修了した保育士など）が自宅等で5人以下の子どもを保育する。通称「保育ママ」として、待機児童が多い大都市圏を中心に発展してきた事業。

⑥ 居宅訪問型保育

　障害・疾患などで個別のケアが必要な場合や、施設が無くなった地域で保育

図 1-5　子ども・子育て支援新制度の概要

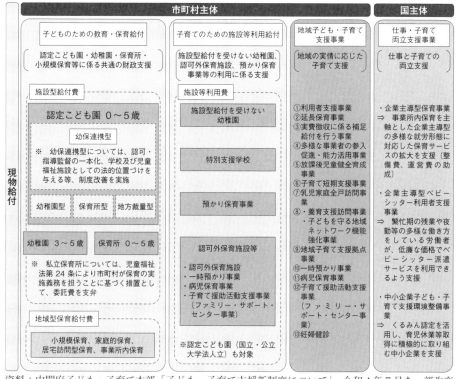

資料：内閣府子ども・子育て本部「子ども・子育て支援新制度について」，令和4年7月を一部改変

を維持する必要がある場合などに、保護者の自宅で1対1で保育する訪問型の事業。

⑦　事業所内保育

企業が、企業内または事業所の近辺において、主として従業員の子どものほか、地域において保育を必要とする子どもを対象として運営する保育施設。

2) 地域子ども・子育て支援事業

① 利用者支援事業

子どもおよびその保護者の身近な場所で、教育・保育・保健その他の子育て支援事業等の情報提供および必要に応じ、相談・助言等を行うとともに、関係機関との連絡調整等を実施する事業。

❶ 基本型（「利用者支援」と「地域連携」を共に実施する形態）
主として、行政窓口以外で、親子が継続的に利用できる施設を活用

❷ 特定型（主に「利用者支援」を実施する形態）
主として、行政機関の窓口等を活用

❸ 母子保健型（保健師等の専門職がすべての妊産婦等を対象に「利用者支援」と「地域連携」を共に実施する形態）

主として、保健所・保健センター等を活用

② 地域子育て支援拠点事業

乳幼児およびその保護者が相互の交流を行う場を提供し、子育てについての相談、情報の提供、助言その他の援助を行う事業。一般型、連携型がある。

③ 一時預かり事業

家庭において保育を受けることが一時的に困難となった乳幼児について、主に昼間において、認定こども園、幼稚園、保育所、地域子育て支援拠点その他の場所において、子どもを保護者から一時的に預かり、必要な保護を行う事業。一般型、幼稚園型、余裕活用型、居宅訪問型がある。

④ 乳児家庭全戸訪問事業（こんにちは赤ちゃん事業）

生後4か月までの乳児がいるすべての家庭を訪問し、不安や悩みを聞き、子育て支援に関する情報提供を行うとともに、養育環境等の把握を行う事業。

⑤ 養育支援訪問事業

養育支援が特に必要な家庭を保健師・助産師・保育士等が訪問し、保護者の育児、家事等の養育能力を向上させるための支援（相談支援、育児・家事援助）を行う事業。

⑥ 子育て短期支援事業

保護者の疾病、育児不安、育児疲れ、冠婚葬祭等の理由により児童の養育が一時的に困難な場合等に、児童養護施設等の入所施設において夜間や宿泊を伴う保育を行う。以下の2種類の事業がある。

・トワイライトステイ（夜間養護等事業）…保護者が社会的理由などにより一時的に保育できない場合、おおむね夜10時までの保育や、休日等の保育を行う。

・ショートステイ（短期入所生活援助事業）…原則として7日までの宿泊を伴う保育。

⑦ 子育て援助活動支援事業（ファミリー・サポート・センター事業）

乳幼児や小学生等の子育て中の保護者を会員として、児童の一時的、短期間の預かり等の援助を受けることを希望する者（依頼会員）と、当該援助を行うことを希望する者（提供会員）による相互援助活動に関する連絡、調整を行う事業。保育所などの送迎、学童保育後の預かり、冠婚葬祭や学校行事等の一時的預かりが行われている。

⑧ 延長保育事業

保育認定を受けた子どもについて、通常の利用日および利用時間以外の日お

よび時間において、認定こども園、保育所等で引き続き保育等を実施する事業。

⑨　病児保育事業

病児について、病院・保育所等に付設された専用スペース等において、看護師等が一時的に保育等を行う事業。

⑩　放課後児童健全育成事業（放課後児童クラブ）

保護者が労働等により昼間家庭にいない小学校に就学している児童に対し、授業の終了後等に小学校の余裕教室や児童館等において適切な遊びおよび生活の場を与えて、その健全な育成を図る事業。

⑪　妊婦健康診査

妊婦の健康の保持および増進を図るため、妊婦に対する健康診査として、❶健康状態の把握、❷検査計測、❸保健指導を実施するとともに、妊娠期間中の適時に必要に応じた医学的検査を実施する事業。

⑫　実費徴収に係る補足給付を行う事業

保護者の世帯所得の状況等を勘定して、特定教育・保育施設等に対して保護者が支払うべき日用品、文房具その他の教育・保育に必要な物品の購入に要する費用または行事への参加に要する費用等を助成する事業。

⑬　多様な事業者の参入促進・能力活用事業

特定教育・保育施設等への民間事業者の参入の促進に関する調査研究その他多様な事業者の能力を活用した特定教育・保育施設等の設置または運営を促進するための事業。

3）仕事・子育て両立支援事業

①　企業主導型保育事業

事業所内保育を主軸とした企業主導型の多様な就労形態に対応した保育サービスの拡大を支援（整備費、運営費の助成）。

②　企業主導型ベビーシッター等利用者支援事業

残業や夜勤等の多様な働き方をしている労働者等が、低廉な価格でベビーシッター派遣サービスを利用できるよう支援。

4）その他、自治体独自のサービスや地域で子育てを支える活動

①　産前産後ヘルパー派遣事業

妊娠中及び出産後、心身の不調等によって子育てに支障がある、あるいは多胎児を出産等の理由で、家事や育児の負担の軽減を図る必要がある養育者に対して、ヘルパーを派遣する事業。

② 子育てサロン

　地域の公民館などで、親子の交流や乳幼児と親への遊びの紹介を目的として、月1～2回程度定期的に親子が集う場を提供している。主催者は、社会福祉協議会、児童民生委員、地域のNPO法人、保育所などが行っている。

③ 子育てサークル

　情報交換や親子の友だちづくりを目的として、乳幼児を育てる親同士が集まり取り組んでいる当事者活動。時間や場所だけを決めて自由に集うグループ、ルールや当番を決めて計画的に活動を行うグループと形態はさまざまである。

（橋本真紀）

よく来たね

南方子育て支援センター

遠藤　瑞生（宮城県）

　私は妊娠8か月の時、土地勘のまったくない登米市に引っ越してきました。道もお店もさっぱり分からず、知り合いも一人も居ず、毎日一日でも早く里帰り出産のために実家に帰りたいと思っていました。

　無事に子どもを出産し、登米に戻りましたが旦那さんは朝早くから遅くまで仕事の為、初めての子どもと二人きりの生活、一生続くのかと思うような寝不足の日々とよく泣くわが子に途方にくれていました。育児書と全然違う！

　そんな時、助産師さんが置いていってくれたパンフレットにのっていた、南方支援センターに行ってみよう、と決心し、前の晩から支度をして、当日ドキドキしながら泣く子をなだめつつ向かいました。

　どんな所だろう、さっぱり分からない。緊張して足を踏み入れると、先生達が「よく来たね～」と優しく迎えてくれました。

　遊び場も広く、娘も楽しそうに先生に遊んでもらっている、私はなんだか分からないけど涙が出そうでした。

　私は一人じゃなかったんだ。

　それから支援センターに通い、同じ月齢のお友達も沢山でき、知り合いも増えて心細さが少しずつ消えていきました。毎日行ってもいい所があるのはこんなにも助かることなんだ。独身の時には考えもしませんでした。

　南方の支援センターは先生方が子どもと遊んでくれます。親と色々な話もしてくれます。娘もお友達と先生と、貸して、どうぞなど色々なことを学びました。

　私自身、子育てで行き詰まっても、話を聞いてくれる場所があることで本当に救われました。二人目が生まれ、上の子の赤ちゃん返りに、どうしていいか分からず、登米に帰ってすぐ支援センターに行くといつもと変わらず所長さんが「めいちゃん、お母さん、久しぶり、よく来たね！待ってたよー」と言ってくれ、その変わらない、温かい「よく来たね」にホッとして、うかつにも涙してしまいました。ホッとしました。帰ってきたなぁ、と。親戚の家のように温かくて安心する場所です。

　引っ越してきた時は、まったく居場所がなかった私を沢山の人と繋げてくれた娘と南方支援センターに感謝します。我が子、先生方、私をだんだんお母さんに育ててくれてありがとうございます。親子で泣いて笑ってまだまだ成長しますので、これからもよろしくお願いします。

第2章

子育て支援における基本的視点

第2章 子育て支援における基本的視点

1. 親の視点

❶子育て家庭の孤立化

　親が子育てをしなくてもよくなることを「大人になる」ことだとすると、人間ほど大人になるまでに時間がかかる動物はいません。馬や牛は生まれて1～2時間もすれば歩き始めますが、人間の場合では通常1年かかります。日本の児童福祉法でも民法でも18歳以上で"大人"と見なしますから、それまでは親に子育ての責任があります。これほど大人になるまでに手間暇がかかる動物はほかにはいません。

　人間の子育てには時間と労力が必要なだけに、親だけで全部担うことはまず不可能です。だからこそ人間は昔から、祖父母や親戚が親を手伝い、隣近所でも助け合って子どもを育ててきたといえるでしょう。

　また、動物学の最近の研究では「おばあちゃん仮説」が提唱され、有力な考え方として注目されています。これは、野生動物のメスは閉経より前に寿命が終わるのに、人間だけが子どもを産めなくなっても生き続けるのは、自分の孫世代の子育てを助けるためだという仮説です[1]。だとすれば、今のように祖父母と同居しない核家族が増え、祖母の助けなしに子育てをする家庭が増えているのは、人間らしい営みからすれば異常な状態だとみることができます。

　現代の日本の社会においては、地域の社会関係が希薄化するなかで、子育てを支える地域ネットワークが機能しにくくなっています。ここでは、図2-1に示したように、世代を超えた子育て経験の受け渡し（タテの関係）、子育て現役世代の支え合い（ヨコの関係）の二つの軸に置き換えて、地域ネットワークの全体像をとらえてみます。

　タテの関係は、祖父母世代、親世代、そして子ども世代へと、子育て経験が受け渡されていく関係性をあらわしています。核家族化が進行した現代では、このような祖父母世代からの経験の受け渡しが難しくなりました。また、子ども世代にとっては、少子化によって「一人っ子」が珍しくない時代にあって、他の幼い子どもにかかわる機会が減少しました。これらは結果的に、若い世代が子どもにかかわる経験をもたないまま親になり、親になった後も支えを得られない傾向を高めています。

1：京都大学霊長類研究所『新しい霊長類学——人を深く知るための100問100答——』講談社，2009.

図2-1　地域で子育てを支えるネットワーク

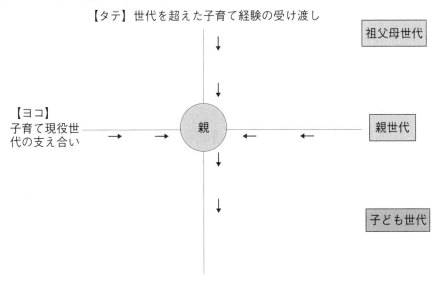

【タテ】世代を超えた子育て経験の受け渡し

祖父母世代

【ヨコ】
子育て現役世代の支え合い

親

親世代

子ども世代

　ヨコの関係は、同じ時代に子育てをする親世代の支え合いをあらわしています。同世代だからこそ、価値観や境遇を共有でき、お互いに理解しあえる関係が築きやすい面があります。一昔も二昔も前の話になりますが、かつて長屋が主流だった時代には、近所の親同士が井戸端に集まって情報交換をしたり、日ごろの悩みを打ち明けることができました。現代のように、都市部ではマンションが林立し、常に人口移動があるなかでは、子育て家庭は容易に孤立してしまいます。一方、地方部では、過疎化が進み子育て世代が急速に減少するなかで、同じ世代の仲間を見出すことが難しくなっています。

　図2-2に示すように、子育てひろば全国連絡協議会が会員団体に対して行った調査では、地域子育て支援拠点を利用する乳幼児の親の孤立傾向が明確にあらわれています。「子育てをしている親と知り合いたかった」という回答は、アウェイ育児（自分が育った市区町村以外で子育てしている人）で75%に達しており、自分が育った市区町村で子育てをしている人でも6割を超えています。また、「家族以外の人と交流する機会があまりなかった」「子育ての悩みや不安を話せる人がほしかった」などの項目についても、アウェイ育児の人で6割程度、自分が育った市区町村で子育てしている人でも4割以上が「あてはまる」と感じています。

　私たちの国では、自分の子どもを大切にするだけでなく、他人の子どもに対しても愛情を注ぎ、親族や地域で子どもを育んできた歴史があります。それは歴史的に農業や漁業が中心で、土地に定住して集落をつくり、助け合って生活してきたこととも関係しています。しかし、そのような社会の様子は、その後

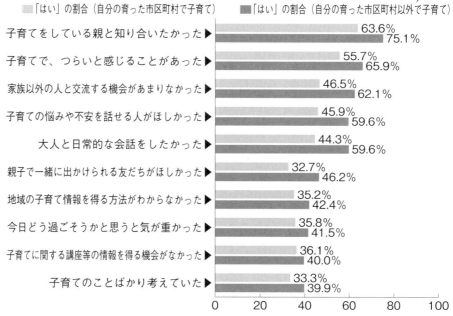

図 2-2　地域子育て支援拠点利用者アンケート調査

Q．地域子育て支援拠点を利用する前のあなたとあなたの子どもについて、次の文章の中で少しでも当てはまることすべてに○をつけてください

アウェイ育児

▨「はい」の割合（自分の育った市区町村で子育て）　■「はい」の割合（自分の育った市区町村以外で子育て）

子育てをしている親と知り合いたかった▶　63.6%　75.1%

子育てで、つらいと感じることがあった▶　55.7%　65.9%

家族以外の人と交流する機会があまりなかった▶　46.5%　62.1%

子育ての悩みや不安を話せる人がほしかった▶　45.9%　59.6%

大人と日常的な会話をしたかった▶　44.3%　59.6%

親子で一緒に出かけられる友だちがほしかった▶　32.7%　46.2%

地域の子育て情報を得る方法がわからなかった▶　35.2%　42.4%

今日どう過ごそうかと思うと気が重かった▶　35.8%　41.5%

子育てに関する講座等の情報を得る機会がなかった▶　36.1%　40.0%

子育てのことばかり考えていた▶　33.3%　39.9%

0　20　40　60　80　100

出典：NPO 法人子育てひろば全国連絡協議会「地域子育て支援拠点事業に関するアンケート調査」2015.

の急速な近代化・産業化を経て、確実に変化してきたのです。現代の子育ての大変さは、親族や地域の人と人との結びつきが希薄になり、結果的に家庭のなかに子育てという手間暇のかかる仕事が閉じ込められてしまったことと無関係ではありません。

❷女性の生き方の変化

　日本人は、戦後の急速な経済成長を経て、劇的な社会的変化を経験してきました。集落を単位に、農業などの仕事も、子育ても助け合いのなかで営んできたのに、その社会単位が崩れ、代わって核家族化が進みました。近代までは、祖母などの親族が子どもの面倒をみている間、田畑に出て働いていた母親までも、次第に家庭のなかに引き戻されました。いわゆる母親の専業主婦化です。

　「専業主婦」という言葉が定着したのは、日本の産業化が急速に進んだ1960 〜 70 年代であったといわれています。専業主婦化が進んだ理由は二つあります。一つは、子育てに関して親族や地域の協力が得られなくなったために、家庭のなかでもっぱら子育てを担当する役割が必要になったこと。二つ

目は、その役割を男女のどちらかが担うかとすれば、子どもを生める女性のほうが適切だと考えられたことです。

　こうして、女性は子どもを生み育て、男性は働いて生活の糧を確保するという性別役割分業が定着しました。とりわけ高度経済成長期に子ども時代をすごした女性は、結婚して家庭に入ることが幸福であると教えられてきました。いわゆる育児休業法もなく、保育所も今よりずっと少なく、仕事を続ける条件すら整えられていませんでした。

　しかし、1970年代に男女平等を訴える運動が活発になり、女性の高等教育の機会が進むにつれ、「男女共同参画社会」の実現が社会的課題になってきました。

　1986（昭和61）年には男女雇用機会均等法が施行され、その後の少子化対策においては「ワーク・ライフ・バランス」（仕事と家庭の調和）の実現が政策目標として掲げられるようにもなりました。

　21世紀を迎え、日本は少子化に伴う人口減少社会に突入し、性別にかかわりなく若い労働力を確保することが重要な課題になっています。先述の男女共同参画社会、ワーク・ライフ・バランスといった理念の実現だけでなく、現役世代の労働力を確保するためにも、少子化対策などの家族政策の拡充に力点が置かれるように変化してきました。また、女性の社会進出を推し進めるために、平成28年度には「女性の職業生活における活躍の推進に関する法律」（以下、「女性活躍推進法」）も施行されました。

図2-3　保育所等待機児童数及び保育所等利用率の推移

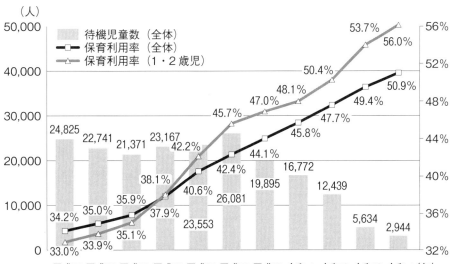

資料：「保育所等関連状況取りまとめ（令和4年4月1日）」

乳幼児の子育て世代に相当する30代の平均年収が伸び悩むなか、女性の就業を後押しする政策が打ち出されてきたこともあり、近年では共働き家庭が加速度的に増加しています。図2-3に示すように、保育利用率は急速に高まっており、とりわけ低年齢児（1・2歳児）の保育利用率が5割を超えるようになりました。結果的に、保育の供給が需要の伸びに追いつかず、都市部を中心に待機児童問題が解消されない事態を招いています。

　21世紀に子育てをする母親は、義務教育段階から男女は平等と教えられてきた世代であり、また、高等教育を経て高度な知識や専門性を有する人も少なくありません。政策的にも保守的な性別役割分業が見直され、共働きを前提とする社会へと移行しつつあるなかで、結婚後も就労を希望する女性が増加するのは当然のことです。

　ところが今なお、女性が子育てをするようになると、自分の力だけではどうしようもない問題が起ってきます。育児休業が十分にとれない。保育所は定員いっぱいで入れない。保育所に預けることができても、子どもの体調が悪くなれば、仕事の最中でも迎えに行かなければならない。専業主婦になれば、家事と育児だけの孤立した生活のなかに陥る。近所や親同士の付き合いもなく、次第に自分だけが社会のなかで取り残されていると感じるようにもなります。

　つまり、子育てをする母親の最近の状況としては、一昔前に比べれば社会で活躍する機会は用意されていても、一人の女性として、自立を阻むさまざまな壁に行く手をふさがれ、息苦しさや閉塞感を経験することが少なくないといえます。そして、この息苦しさが、子どもに向き合えない、あるいは子育てに悩む心理と、どこかでつながっているように思えてなりません。

❸乳幼児の親への支援

　地域子育て支援拠点事業は、おもに乳幼児とその保護者を対象とし、親子が気軽に集える居場所を設定して、その交流を促す働きを担っています。近年では、共働き家庭の支援ニーズにも応えるために、土日や祝日などの開所に積極的に取り組む拠点もみられるようになっています。地域子育て支援拠点事業の対象として、乳幼児とその保護者に着目する理由としては、以下の点をあげることができるでしょう。

① 　乳幼児期は人格形成における基礎を築く最初の重要な時期であること。
② 　乳幼児期は濃密なケアを必要とするため、親として獲得を要する知識・技術が詳細にわたること。また、そのために親としての戸惑いや不安が生じやすいこと。

③　乳幼児期はケアに費やす時間と労力の多さから生活や行動の範囲が制限され、それゆえに親子が社会的に孤立しやすい傾向があること。

④　特に第1子の養育においては、きょうだい児の子育て経験がないだけに、上記のリスクが高まりやすいこと。加えて（保育所を利用せずに）在宅で子育てを行う場合や、子どもが幼稚園就園前の低年齢児の場合には、孤立しやすい傾向がより高まること。

図 2-4　赤ちゃんの世話の経験

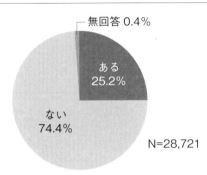

赤ちゃんの世話の経験
・未就学児の保護者28,721人が回答した調査 ・はじめての子どもが生まれる前に、赤ちゃんの世話をしたことがない人が、約74%

資料：「横浜市子ども・子育て支援事業計画の策定に向けた利用ニーズ把握のための調査」結果報告書（2018年11月）

　これらに加えて、子育て経験の受け渡しが難しくなるなか、若い世代が子どもにかかわる知識や経験を得にくくなっている傾向もあります。図 2-4 は、横浜市が 2018（平成 30）年に報告した調査からの抜粋です。現役の親世代が、乳児にかかわる経験をもたないまま親になっている傾向を示唆しています。

　ただし、育児書やインターネットの情報に頼らざるを得ない現代の親世代を「未熟」ととらえるのは早計です。指導的な支援ではなく、親同士あるいは世代を超えた地域の人たちとの交流を通して、知識や経験が受け渡される営みを再生することが大切です。

　図 2-5 は、先述の子育てひろば全国連絡協議会が会員団体に対して行った調査の結果です。ここでは、地域子育て支援拠点を利用する乳幼児の保護者に対して、拠点利用後の子育ての変化を問うた質問に関して、上位 10 項目を抜粋しています。「子育てしている親と知り合えた」と回答した人が約9割おり、「子育てでつらいのは自分だけでないと思えるようになった」「子育ての悩みや

図 2-5 地域子育て支援拠点利用後の子育ての変化 (n ＝ 1175)

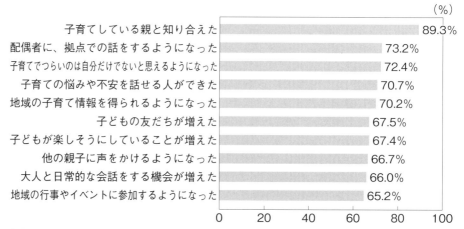

出典：NPO 法人子育てひろば全国連絡協議会「地域子育て支援拠点事業に関するアンケート調査」
2015.

不安を話せる人ができた」と回答した人も 7 割以上に達しています。

　これらに加え、「他の親子に声をかけるようになった」と回答した利用者が
66.7％おり、親同士が知り合い、声をかけ合い、お互いに支え合う場となり
得ることが示唆されています。このように、同じ立場にある利用者同士の相互
支援を、「ピアサポート」と呼びます。専門的な支援も大事ですが、ピアサ
ポートを高めていくために利用者同士を結びつけていくことも、地域子育て支
援拠点事業の重要な役割だといえます。

（渡辺顕一郎）

2. 子どもの視点

❶子どもの自己肯定感

　最近、教育や心理学の分野では、日本の子どもたちの自己肯定感の低さが問
題となっています。たとえば、国立青少年教育振興機構の調査では、他国との
比較において、日本の高校生の自己肯定感の低さが示されています（図 2-6
参照）[2]。「自己肯定感」とは、自分自身に対して前向きな、しっかりとしたイ
メージをもっていることを意味します。自己肯定感が低いと、自信がもてな
かったり、自分を好きになれないという気持ちが強くあらわれてきます。

2：「高校生の生活と意識に関する調査報告書——日本・米国・中国・韓国の比較——」独立行政法人国立青少年教育振興
　機構青少年教育研究センター，2015.

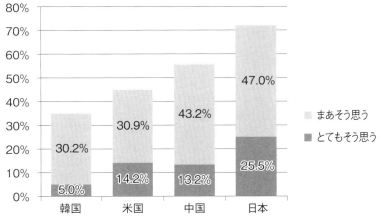

図2-6　自分はダメな人間だと思うことがある（高校生）

資料：「高校生の生活と意識に関する調査報告書——日本・米国・中国・韓国の比較——」国立青少年教育振興機構（2015年）を基に作成

　経済成長を遂げる以前、物が不足する時代に生まれ育った世代にとって、このような子どもの意識は理解しにくいかもしれません。しかし物質的に豊かであることと、子どもの幸福感は必ずしも連動しないのです。

　現代は、子どもにとって先行きのみえにくい、不確実さにあふれる時代だともいえます。膨大な物や情報にあふれる「豊かさ」の時代には、何をどう選ぶかという絶えざる選択を迫られます。同様に、生き方についても、どう生きたらうまくいくという約束がない難しい選択を必要とするのです[3]。

　先行きのみえない航海に出るときには、自分の能力に対する一定の自信や、誰かが支えてくれる、助けてくれるという他者への信頼感が必要になります。自己肯定感が低く、社会に対する信頼感が希薄な子どもは、自立という船出を控えて強い不安を経験します。不登校やひきこもりの背景には、そのような子どもの心理がみえてきます。

❷大切にしたい乳幼児期の育ち

　子どもの自己肯定感は、学童期や思春期になってから形成されるものではなく、乳幼児期にしっかりと発達の基礎を築くことも影響を及ぼします。たとえば、自分では何もできない乳児期には、食事・排泄・移動はもちろん、衛生面や室温管理も養育者に依存しています。親のスキンシップや献身的な世話によって生命が保持されることで、心身ともに安定した生活が可能になります。もし、この時期に虐待を受けて育つと、子どもの心に周囲への不信感や敵意が生じる場合があります。

3：小柳晴生「大人が立ちどまらなければ」日本放送出版協会，2005.

発達心理学者のエリクソン（Erikson,E.H.）は、乳児期の発達課題として「基本的信頼感の確立」をあげていますが[4]、通常、幼い子どもにとって最初に信頼感を抱く対象が親であることはいうまでもありません。しかしながら、子育ての悩みを抱え込むような場合には、どうしても子どもに対して十分な愛情や関心を注ぐことが難しくなります。親の精神的な負担を軽減し、子育てに向き合うゆとりを回復するためには、親からの相談に応じたり、地域交流を通して親を支えることが重要です。

　また、親子の信頼関係を土台として、子どものなかに他者への興味や関心が広がるにつれ、同年代の子どもたちをはじめとする環境との主体的なかかわりが芽生えてきます。したがって、親子の交流や地域交流に取り組むことは、世代を超えて子どもの発達を支える他者とのかかわりを保障するという意味でも重要です。

　図2-7は、乳幼児期の発達課題である「他者への信頼」「情緒の安定」「自主性・自発性」の三つの関係を図式化したものです。これらは、「保育所保育指針」の保育の目標などにも含まれる大切な要素です。

　子どもは大人とのかかわりを通して、ありのままに受容され、個性を大切にして育まれる経験によって他者を信頼するようになります。信頼できる大人に囲まれて生活できれば、安心して過ごせるようにもなります。情緒が安定すれば、子どもは受け身なだけでなく、自分から他者とのかかわりを求めるようになってきます。そして、子どもの自主的、自発的な行動を周囲の大人が受容すれば、さらに他者への信頼感は深まります。このようなサイクルが、家庭、保

図2-7　子どもの発達の基本：信頼・安定・自主性・自発性の関係

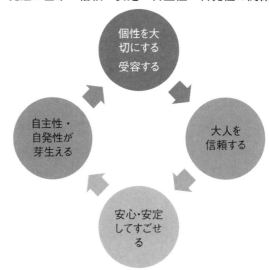

4：E.H. エリクソン（小此木啓吾訳編）『自我同一性』誠信書房，1973.

育所、学校などの生活の場で繰り返されることが大切なのです。

　このように地域子育て支援拠点においては、親子に対する直接的・指導的なかかわりだけでなく、子どもが愛情豊かに育まれるような環境づくりに重点を置くべきでしょう。子どもができないことよりも、個々に応じてできるようになったことを認め、その喜びを親子とともに共有するような支えが大切です。

（渡辺顕一郎）

3. 社会の視点

❶児童虐待は増えているのか

　近年、児童虐待がますます社会問題としてとりあげられるようになっています。連日のように重篤な虐待事例がテレビや新聞などでとりあげられ、まるで虐待そのものが増えたかのように映ります。

　多くの場合、その根拠として示されるのは厚生労働省が毎年発表する統計です（図 2-8 を参照）。これをみれば、平成 27 年度には年間 10 万件を突破し、令和2年度にはその倍の 20 万件以上に達しているのですから、虐待が急増しているように感じるのはしかたがありません。

　ただし、このデータが示しているのは、全国に 200 か所余り設置されてい

図 2-8　児童相談所での児童虐待相談対応件数の推移

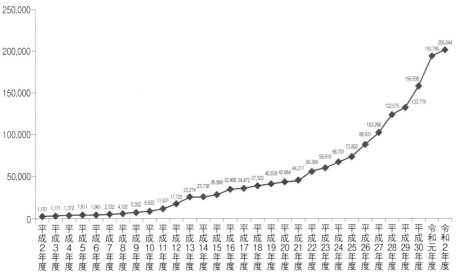

注：平成 22 年度の件数は、東日本大震災の影響により、福島県を除いて集計した数値。
資料：厚生労働省「令和2年度　児童相談所での児童虐待相談対応件数」

る児童相談所で対応した虐待相談の件数です。保護者からの相談は一部で、むしろ警察、学校、保育所、病院、住民などから連絡を受けて、児童相談所が対応した件数が多く含まれています。社会の意識が高まったから通告者が増えたのか、それとも虐待そのものが増えているのかはわかりません。

2000（平成 12）年に成立、施行された児童虐待の防止等に関する法律（以下、児童虐待防止法）では、虐待の早期発見や通告義務、市町村や児童相談所による措置などについて規定され、その後も度重なる法改正を経て対策が強化されてきました。

近年の傾向としては、心理的虐待の増加が顕著ですが、厚生労働省はその要因の一つに考えられることとして、「児童が同居する家庭における配偶者に対する暴力がある事案（面前 DV）について、警察からの通告が増加」したことを挙げています。たとえ子どもが直接的に暴力を受けていなくても、子どもの見ている前で夫婦間で暴力を振うことは、子どもへの心理的虐待にあたります。併せて児童虐待全体の対応件数の増加についても、「児童相談所全国共通ダイヤルの 3 桁化（189）の広報や、マスコミによる児童虐待の事件報道等により、国民や関係機関の児童虐待に対する意識が高まったことに伴う通告の増加」を示唆しています [5]。このように、児童虐待についてはその対応策が強化されれば通告等が増加する傾向があるため、統計上の数値だけで「虐待する親が増えている」かのように一面的に捉えることは適切ではありません。

また、児童虐待の程度については、育児不安などによって「つい手を上げてしまう」「子どもに向き合えない」という比較的軽微なケースから、深刻な身体的暴行やネグレクトに至るケースまで、多様な事例が十万件を超える対応件数のなかには含まれています。ただし、児童相談所が専門的な介入や保護に踏み切るような虐待ケースの背景には、いくつかの特徴がみられることがすでに報告されています。

東京都の調査では、平成 15 年度に都内の児童相談所が対応した虐待事例の家庭の特徴として、表 2-1 のような結果が示されています。これをみると、「ひとり親家庭」と「経済的困難」がほぼ拮抗しており、しかも、どの要因についてもあわせてみられる状況として「経済的困難」があげられています。

一方、厚生労働省は 2003（平成 15）年から児童虐待による死亡事例について検証し、毎年その結果を報告していますが、養育者にみられる側面として「望まない妊娠／計画していない妊娠」「精神疾患や強い抑うつ状態がある」などの複数の要因をあげています。また、平成 26 年度中に発生した死亡事例（心中以外の虐待死 43 例）について、0 歳児が 61％を占めていたことも報告されています [6]。

5：厚生労働省「平成 28 年度　児童相談所での児童虐待相談対応件数（速報値）」
6：厚生労働省『子ども虐待による死亡事例等の検証結果等について』（社会保障審議会児童部会児童虐待等要保護事例の検証に関する専門委員会第 12 次報告），2016.

表 2-1　虐待事例の家庭の特徴

| | 家庭の状況 | | あわせてみられる他の状況上位三つ | | |
			①	②	③
1	ひとり親家庭	460 件 (31.8%)	経済的困難	孤立	就労の不安定
2	経済的困難	446 件 (30.8%)	ひとり親家庭	孤立	就労の不安定
3	孤立	341 件 (23.6%)	経済的困難	ひとり親家庭	就労の不安定
4	夫婦間不和	295 件 (20.4%)	経済的困難	孤立	育児疲れ
5	育児疲れ	261 件 (18.0%)	経済的困難	ひとり親家庭	孤立

出典：東京都福祉保健局『児童虐待の実態Ⅱ——輝かせよう子どもの未来，育てよう地域のネットワーク——』2005.

　このように、死亡事例を含む重篤なケースでは、経済的困難などの生活問題や、母親の精神的問題などのさまざまな要因が、複合的に絡み合って虐待に至った場合が少なくありません。加えて、「望まない妊娠」や「産後うつ」への対応などが社会的課題となるなか、妊娠期からの予防や早期支援に取り組む必要性が高まっています。

　なお、経済的困難については、「2019 年国民生活基礎調査の概況」によれば、2018（平成 30）年で子どもの相対的貧困率は 13.5％に達しており、約 7 人に 1 人の子どもが貧困状態にあることが示されています[7]。とりわけ深刻な問題は、ひとり親家庭の貧困率の高さです。図 2-9 からも明らかなように、ひとり親家庭の貧困率は 48.1％という高い比率を示しており、先進諸国中では最貧の状態に置かれています。児童福祉法の理念に沿って、すべての子どもたちに安定した生活が保障されるように、低所得世帯への経済的支援、ひとり親家庭への支援策の拡充に努めることが喫緊の課題であると考えます。

❷父性・母性の希薄化

　近年、家庭の孤立化が進むなか、子ども同士がかかわり合って育つ機会が減少しています。先述のように、共働き家庭の増加に伴い、保育所等の利用率は上昇していますが、それでも他の先進諸国と比較して、日本の場合、幼稚園が始まる 3 歳児までは、相対的に多くの子どもたちが日中は家庭ですごしています（図 2-10 を参照）。

7：相対的貧困率とは、等価可処分所得の貧困線（中央値の半分）に満たない世帯員の割合を指す。

図 2-9　相対的貧困率の推移

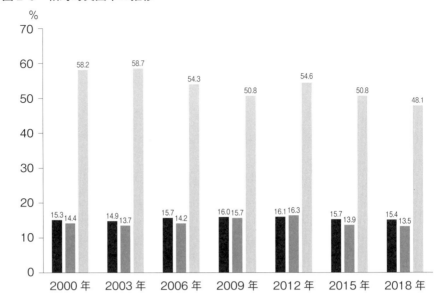

資料：「2019 年国民生活基礎調査の概況」に基づいて作図.

図 2-10　年齢別保育所等利用割合

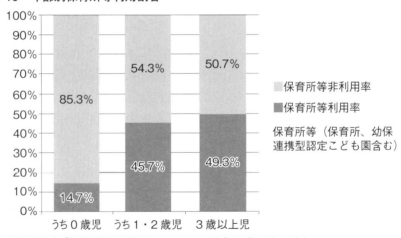

資料：厚生労働省「保育所等関連状況とりまとめ（平成 29 年 4 月 1 日）」

　子どもが幼い時期には親子の十分なかかわりが不可欠ですが、一方で核家族化や地域関係の希薄化によって、子どもが親以外の他者とかかわる経験が少なくなっているのです。また、いわゆる専業主婦家庭を中心に、親も地域で孤立し、保育士などの専門職との接点も得にくいなか、子育ての悩みや不安を抱え込んでしまう傾向もあります。

　社会に対する信頼感も、自己肯定感も、それらを育むためには、他者に受容

された経験、たっぷりと他者に依存した経験が必要です。そして、通常、子どもにとってその役割を最初に担ってくれる他者が母親です。一方、独立した存在としての自己を受け入れ、個として自立するためには、母親との一体感からいずれ抜け出さなくてはなりません。通常、その手助けをする存在が父親です。ただし、「母親」「父親」に求められる役割は、必ずしも血縁関係に基づく生物学的な親だけが担う必要はありません。そのような意味で、「母性」「父性」という表現に置き換えることもできます。

　拡大家族が主流だった時代には、親だけでなく、祖父母や叔父・叔母などの親族間で母性や父性を分担できましたが、現代の核家族では限界があります。そのうえ、父親は仕事で不在なことが多く、地域の支えもなければ、母性だけが過剰に独り歩きし始めます。人類学者（比較行動学）の正高信男は、以下のように述べています。

　　地域共同体の中で、母性が子どもにとって安心してくつろげる居場所を提供する役目を果たすのに対し、父性は居場所の外に連れ出す仕事を果たさなければならないのだが、現代ではその課題がもっぱら子の親にかかってきている[8]。

　教育も児童福祉も目標の一つに「子どもの自立」を据えるなら、子どもが世代や立場を超えたさまざまな人たちに受容され、依存できる関係を再生するように努めるべきです。子どもにとって、地域のなかに存在する母性や父性に接する機会を広げ、社会に対する信頼感を高めていくことが、いずれ多様な選択肢のなかから自分らしい生き方を選びとるための基盤となります。親以外の人たちに甘えたり、世話をされる経験をもつことは、家庭の外の世界に踏み出していく大切なステップにもなるのです。

（渡辺顕一郎）

4. 子育て支援の機能とは

　地域で子育てを支えるためには、人と人とをつなぐ働きが大切になります。地域子育て支援拠点、保育所、幼稚園、児童館、認定こども園など、身近な施設が拠点型の支援を行う場合には、この「つなぐ」という役割が求められます。以下、①利用者同士をつなぐ、②利用者を支援につなぐ、③利用者と地域をつなぐという三つの側面から、より詳しく述べていきます。

8：正高信男『父親力』中央公論新社，2002.

❶利用者同士をつなぐ

　先述のように、子育て中の親同士の関係には、おたがいに支え合うようなピアサポート効果が期待できます。たとえば地域子育て支援拠点では、支援者が特に関与しなくても、自然に仲のよい親同士で支え合う関係が形成されることもあるでしょう。しかし一方で、日替わりで利用者の顔ぶれが変化しますから、特定の利用者が集団に馴染めず孤立したり、既成の集団に入りにくい状況が生じる場合もあります。したがって支援者には、集団のなかで起こっている動きをよく把握し、必要に応じて親同士を結びつける役割が求められます。

　どのような集団であっても、そこには"親密さ""きずな"あるいは"孤立"などの言葉で表現されるさまざまな関係が生じてきます。写真 2-1 ～ 3 は、利用者集団の関係性を三つのタイプに分けてあらわしています。

　写真 2-1 は、親子ごとに分かれて地域子育て支援拠点で時間をすごしている様子です。このようなバラバラ型の関係性は、ショッピングセンターのプレイコーナーなどでよく見かける光景です。不特定多数の人たちが出入りする場所では、おたがいが馴染みのない"他人"ですから、進んでかかわりをもとうとしないのは自然なことです。

　しかし、多くの利用者は単に子どもの遊び場を求めて来所するだけでなく、他の親子と出会い、仲間をつくることを求めています。したがって、支援者が意識的に利用者同士を紹介し、結びつけるような役割を担わなければ、バラバラ型の関係性が容易に生じることになります。個人のプライバシーに配慮して利用者から了解を得た上で、利用者がおたがいの名前などを覚えることができるように、名札を活用するなどの工夫を行うことも大切です。

　写真 2-2 は、仲のよい利用者同士がいくつかのグループに分かれて、時間をすごしている様子です。集団の関係性が深まれば、仲のよい人たちの小グループができてきます。このような分離グループ型の関係性がみられることは、集団としてかかわりが密になってきている傾向を示しており、好ましい面があります。

　ただし、特定の小グループが他の利用者を受け入れず、排他的になる場合もあるので気をつけなくてはなりません。孤立している親子がみられる場合や、新しい利用者が来所した際には、他の利用者にも紹介し、ていねいにつないでいく必要があります。また、複数の小グループの間で、意見の相違などから対立が生じることもあります。そのような場合には、双方のグループでそれぞれに影響力をもっている利用者の言い分をよく聞き、中立的な立場で調整を図ることも支援者の役割です。

写真 2-3 は、利用者が入り混じって話に花を咲かせている様子です。このような親和型の関係性にみられる特徴は、仲のよい利用者のグループがはっきりと分かれておらず、全員が適度にかかわりあっていることです。また、「この子の親は誰か」が一見しただけではわからないほど、子どもたちも自由に動きながら遊んでいます。このような親和型では、利用者同士がおたがいに知り合うチャンスが高くなります。

　また親和型は、利用者同士の助け合いが最も活発になる関係性だともいえるでしょう。このような関係性を高めるための方法として、支援者が意図的に他の利用者への手助けをお願いしてみることがあげられます。たとえば、乳児に授乳させたいけれど、きょうだい児が親のそばから離れずに困っている親がいるとします。そのような場合、授乳の間、支援者が年長の子どもの面倒をみてあげることはできます。ただし一方で、支援者から他の利用者に、「子どもの面倒を少しの間みてあげてくれませんか」とお願いすることもできます。何気ない日常のかかわりを通して利用者同士の接点ができ、助け合う関係が生まれ

写真 2-1　バラバラ型

写真提供：おやこの広場びーのびーの

写真 2-2　分離グループ型

写真提供：おやこの広場びーのびーの

写真 2-3　親和型

写真提供：おやこの広場びーのびーの

やすいのは後者であるといえます。

　ときには支援者から働きかけるのではなく、自然に利用者同士の助け合いが起こってくるのを待つことも大切です。先の例でいえば、他の利用者が気を利かせて「私が面倒をみてあげるから、授乳コーナーへ行っておいで」と声をかけてくれるかもしれません。このように、支援の方法には他者を介した間接的な働きかけもあり、ケースバイケースでそれらを使い分けていくことが必要です。

　基本は、利用者集団の動きを常に把握し、何が起こっているかを理解することです。拠点型の施設では、その日の顔ぶれによって集団の動きは変わってきますし、1日のなかでも利用者の出入りによって関係性は変化します。通常、集団の発展段階としては、バラバラ型→分離グループ型→親和型というステップをたどりますが、支援者はそのときどきの集団の状態を把握し、段階に応じたかかわりを行う必要があります。

❷利用者を支援につなぐ

　利用者が施設に初めて訪れる際には、期待と同時に、自分が受け入れてもらえるかという不安や、初めての場・人に出会うことへの緊張感を経験します。また、利用者のなかには、現に養育上の問題を抱えているため、利用回数を重ねても不安が持続的にあらわれる場合もあります。

　図 2-11 は、地域子育て支援拠点を利用する親への意識調査の結果を示しています[9]。このグラフからは、利用前には利用者同士だけでなく、スタッフにも受け入れてもらえるか、また活動内容がわからないという不安も感じていることがわかります。実際に利用しはじめればこうした不安は軽減されます

9：渡辺顕一郎、橋本真紀他『地域子育て支援拠点事業における活動の指標「ガイドライン」作成に関する研究』（主任研究者：渡辺顕一郎）、平成 20 年度児童関連サービス調査研究等事業報告書、財団法人こども未来財団、2009.

が、それでも一部の利用者には継続的に不安感が残る傾向を見逃すことはできません。

　たとえば、障害児をもつ親を対象とした調査からは、身近な子育て支援の場といえども、実際には利用しにくい場合があることがわかってきました。以下、アンケート調査の自由記述やヒアリング調査を通して明らかになった障害児をもつ親のおもな意見を列挙します[10]。

・自分や子どもが受け入れられるのか不安だった。
・はじめは障害があることを隠そうかと思った。
・子育てひろばに行くにはとても勇気が必要だった。
・他の子どもに迷惑をかけるのではないかと思うと心休まらない。
・障害が軽くても、他の子どもと一緒に遊ばせていて、とても気を使う。
・はじめは「幼稚園どこ？」と聞かれたらどうしようかと不安だった。
・障害のない子どもの元気な様子をみるのがつらい。
・子どもが幼いころは成長の可能性を信じていて、なかなか障害を認めたくない。

　このように、自分や子どもが受け入れてもらえるかという不安や、他の利用者に初めて出会うことへの緊張感が高い人もいます。特に、障害児や多胎児を養育している家庭、ひとり親家庭などでは、このような親の不安はさらに高まります。

図 2-11　地域子育て支援拠点の利用の際に感じた不安

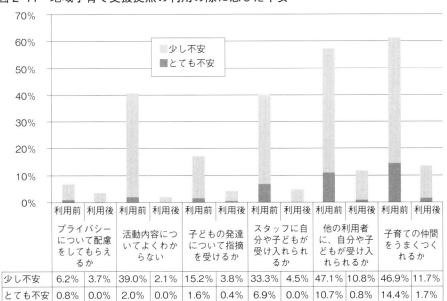

| | プライバシーについて配慮をしてもらえるか | | 活動内容についてよくわからない | | 子どもの発達について指摘を受けるか | | スタッフに自分や子どもが受け入れられるか | | 他の利用者に、自分や子どもが受け入れられるか | | 子育ての仲間をうまくつくれるか | |
	利用前	利用後	利用前	利用後	利用前	利用後	利用前	利用後	利用前	利用後	利用前	利用後
少し不安	6.2%	3.7%	39.0%	2.1%	15.2%	3.8%	33.3%	4.5%	47.1%	10.8%	46.9%	11.7%
とても不安	0.8%	0.0%	2.0%	0.0%	1.6%	0.4%	6.9%	0.0%	10.7%	0.8%	14.4%	1.7%

（凡例：少し不安／とても不安）

10：渡辺顕一郎，野崎晃広他「地域子育て支援拠点を活用した障害児支援の可能性の検討」（主任研究者：渡辺顕一郎），厚生労働省平成19年度障害者保健福祉推進事業報告書，2006.

このような人たちを支援に結びつけるためには、支援者はただ「待っている」だけでは不十分です。むしろ、自ら利用者とつながるような働きを担う必要があります。そのために、パンフレットを親子が集まりやすい公共施設に配置したり、ホームページを開設し、誰にとってもわかりやすく活動を説明する努力は大切でしょう。

　また、もう一歩進んで、支援者自らが母子保健事業、乳幼児健診、育児サークルや保育所の園庭開放など、親子が集まる場所に積極的に出向くことも期待されます。このように、支援者が利用者とつながるような働きかけを、「アウトリーチ」といいます。

　他方、子育て支援の拠点となる施設では、利用者の生活上の問題や子育ての悩みなどに応じて、他の専門機関や施設などを紹介し、地域の社会資源に結びつける働きを担うことも重要です。このように、拠点施設が「入口」となって他の社会資源の利用に結びつく場合もあれば、他の専門機関・施設から紹介されて拠点施設の利用につながる「出口」として機能する場合もあります。こうして利用者の生活ニーズや問題に沿って、最も適切な社会資源の利用を促すことができれば、支援効果を一層高めることができます。利用者が地域の社会資源を効果的に活用して問題解決を図れるように、拠点施設は普段から他の専門機関・施設・団体との連携を図り、地域のネットワークを形成することが大切です。

❸利用者と地域をつなぐ

　子育て支援の働きとして、地域ネットワークの再生に努め、親子の成長を見守る環境づくりに取り組むことも重要です。そのためには、世代を超えた地域の人たちがボランティアとして活躍できる機会をつくりだし、積極的に地域交流を図ることが求められます。

　中高年層のボランティアは、子育て経験者として、知識や情報を子育て中の親に伝えてくれるでしょう。また、中学・高校生や大学生のボランティアは、乳幼児とそれほど世代が離れていない関係のなかで、子どもたちのよき遊び相手になってくれる可能性があります。このように学生のボランティアと幼い子どもたちとの交流を図ることは、次世代の親育てにつながる側面もあります。

　ボランティアが継続的に活動に参加し、定着することを促すためには、ボランティアの個性や持ち味を生かした活動を割り当てることが大事です。たとえば、子どもと活発に遊ぶのが上手な人もいれば、絵本を読み聞かせるなど静かな遊びを得意とする人もいます。また、「話し上手」「聞き上手」なボランティ

アもいて、特に後者の場合には親の身近な話し相手になってくれるでしょう。

　子どもとのかかわり方やしつけをめぐっては、しばしばボランティアと利用者の間で世代間ギャップが浮き彫りになる場合もあります。こうした世代間の対立や食い違いを避けるためには、ボランティアに対して講習会を開いたり、支援者も交えた話し合いの機会を設け、利用者理解を高める必要があります。ただし、世代間ギャップをすべて回避することが望ましいとはいえません。異世代が集まれば価値観が多様化するのは自然な現象であり、むしろ子育て現役世代がさまざまな考え方にふれながら学びを深めるように働きかけることも、支援者の役割だと考えます。

　また、地域交流を推進することは、利用者の同質性を緩和することにもつながります。先に述べてきたように、親同士の関係には、相互に支えあう効果（ピアサポート）が期待できますが、その半面、同じ属性をもつ利用者同士の集団では、閉鎖的な傾向が生じる可能性もあります。たとえば、来所したばかりの初対面の利用者や、障害児の親、ひとり親など、異なる属性をもつ利用者の受け入れに消極的になる場合があります。

　一方、熟年層や学生ボランティアなど、世代や立場を超えた様々な人たちが活動する拠点施設では、子育て中の母親と幼い子どもだけの集団よりも開放性が高く、多様な人たちを受け入れる雰囲気を醸し出すことができます。

　地域子育て支援拠点などを利用する幼い子どもたちにとっても、先述のように、地域との交流は子どもの発達を支える他者とのかかわりを保障する意味でも重要です。つまり、子どもの自発性や社会性をはぐくむためにも、地域交流の拠点として機能しなくてはならないと考えます。柏木惠子は、子どもが母親から離れて自発的に遊びを探索するために、親以外の多様な人々に見守られながら育つ時間・空間が必要であると指摘しています。とりわけ、父親が仕事で不在がちで、家庭で母親だけに育てられている乳幼児にこそ必要であると述べています [11]。

写真 2-4　学生ボランティアと子どもたち

写真提供：子育てネットくすくす子育て広場（善通寺市）

11：柏木惠子『子どもが育つ条件――家族心理学から考える――』岩波書店，2008.

中学生と乳幼児親子のふれあい体験授業

NPO法人子育てネットくすくす　子育て広場くすくす

江口 幸代 (香川県)

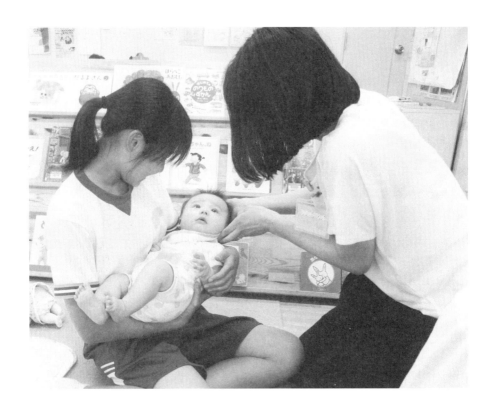

　中学生は実際に赤ちゃんを抱っこしたり一緒に遊んだりする中で、お母さんたちから日頃の様子や我が子への思いを聞いたりします。

　ドキドキするけど「かわいい。やわらかい (*^^*)」ととても優しくかかわる中学生たち。

　お母さんたちは普段かかわりの少ない中学生と触れ合う中で将来の我が子の姿を想像する貴重な機会にもなっています。

❹親のエンパワメント

　予防的視点に立つならば、利用者の短所や病理的な側面に着目するよりも、むしろ親子に備わる「成長する力」を信じることが大切になります。特に親に対しては、子育ての仲間や地域の支えを得て自信を高め、子どもに向き合う余裕を回復する過程を重視しましょう。このような働きかけを、「エンパワメント」と呼んでいます。

　そのために支援者には、親子の成長を阻む要因の解決に努め、活動を通して学びを得る機会をつくりだし、潜在的な力を引き出す働きが求められます。親としての営みを通して自己実現を果たし、人格的な成長を遂げていくことが、次世代を担う子どもたちを豊かに育むことにもつながるのです。

　エンパワメントの基本は、「寄り添う」ことにあります。支援者は、専門職であるがゆえに助言・指導に偏る傾向があります。しかしこのような場合、利用者が、自ら考え試行錯誤することを避けて、支援者に過度に依存してしまう場合も生じてきます。むしろ、利用者が自分の力で悩みを克服していく過程に寄り添い、見守る働きが重要です。保護や、より専門的な援助が必要となるハイリスクなケースを除いて、親の成長のために必要な葛藤まで肩代わりせず、"ともに考える" 視点を大切にしてほしいと思います。

　親も誰かに評価され、受け入れられる経験を必要とします。ただし "母性神話" が根強く残る日本では、母親として「子育てがうまくいかない」という弱音をさらけ出し、救いの手を求めることには強い抵抗があります。結果的に、そのような意識が過剰に高まるほど、「育てにくい子どもが悪い」と、親自身の不全感が子どもに投影されてしまう場合もあります。

　図 2-12 に示すように、親として不全感を抱く人に対して、指導や激励を繰り返すことは、かえって不全感を増幅させ、子どもへの投影を強めてしまう結果をもたらします。むしろ、エンパワメントを基本におくかかわりでは、受容と評価を中心に据えるべきです。

　親にとっては、水平・対等な関係のなかで、弱音を吐き出せたり、助けてほしいと言える他者の存在こそが大きな安心感をもたらします。自分でも認めたくない短所をさらけ出したときに、諭されたり指導されるのではなく、ありのままに受容される経験こそが人格的な成長をもたらします。

　地域子育て支援拠点は、親にとって「寄り添ってくれる人」との出会いの場です。そこに従事する支援者はもちろんのこと、ほかの親子との出会い、世代を超えた地域の人たちとの出会いを紡ぎだす働きを、今一度明確にする必要があります。

図2-12　子育ての不全感と支援者のかかわり

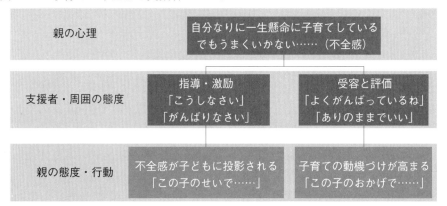

親が抱える悩みの背景には、子どもとの関係だけでなく、育児における父親の不在や家庭の孤立があったり、夫婦間の不和や、親の生育歴が複雑に絡んでいる場合もあります。まずはふだんからのかかわりを大事にし、少しずつ信頼関係を深めていくなかで、個々の利用者理解を進めることが大切です。

（渡辺顕一郎）

一緒にあそぼう

中央子育て支援センターにじいろひろば

村田さおり（長野県）

　にじいろひろばの一角にある、電車とレールの遊び場で、心がほっこり温まる場面がありました。

　その方向から、一人のお母さんの困り感いっぱいなおこったような声が聞こえてきました。小さな赤ちゃんを両手で抱きかかえながら、上の子（男の子）をおこっているようなお母さんの声でした。どうしたのかなぁ…と様子を見ると、その男の子が隣にいた男の子の使っていた電車を欲しがっていました。「もう、そんなことばかりするなら帰るよ…」と、赤ちゃんを抱えながら一生懸命我が子に声をかけますが、男の子は使いたい一心で、お母さんの声は届いていないようでした。電車が取られそうな子と、

そのお母さんも、何とも言えない表情になっていきました。

　私も声をかけに行こうかと考えていたとき、もう一組の近くにいた親子のお母さんが、「一緒にあそぼう！」と電車を欲しがっていた男の子に、やさしく声をかけてくれたのです。別の電車を見せて、その子と一緒にレールの上で電車を走らせてくれました。赤ちゃんを抱いていたお母さんも、「すみません」と恐縮しながら少しホッとした表情で近くに座りました。電車を取られそうになった男の子親子も、そのまま、そこで電車で遊ぶことができました。

　「一緒にあそぼう」と声をかけてくれたお母さんの優しさが、その場にいた人たちの気持ちをそっと温めてくれた一場面でした。私もとっても心が温まり、優しい気持ちになりました。

第3章

地域子育て支援拠点

第3章 地域子育て支援拠点

1. 子育て支援拠点の概要と成り立ち

❶地域子育て支援拠点とは

　乳幼児期の育ちは、家庭を基盤としながら、成長・発達に応じた子ども同士のかかわりや、世代を超えたさまざまな人たちとの交流を通して培われていきます。また、人格の基礎が形成されるこの時期に、親がより豊かな子育てを行うことができるように、地域の支えを高めていくことも大切です。このような働きを担う場として、地域子育て支援拠点があります。

　地域子育て支援拠点は、1990年代以降、相次いで打ち出されてきた少子化対策のなかで誕生し、その実践を発展させてきました。当初は地域子育て支援センターの設置だけでしたが、2002（平成14）年に「つどいの広場事業」が創設され、その後の再編・統合によって地域子育て支援拠点事業として成立してきた経緯があります。

　このような子育て支援の拠点は、北米では「Drop-in」（気軽に立ち寄れる場という意味）とも呼ばれ、予防を指向する家庭支援プログラムに位置づけられています。日本の児童福祉法では、乳幼児とその保護者が相互に交流できる場所を開設し、子育てについての相談、情報提供などを行う事業として位置づけられています。

　児童福祉法に規定された施設のなかでは、保育所が最も多く設置されており（全国約2万2700か所）、これに続くのが児童館（約4400か所）です[1]。地域子育て支援拠点は、近年急速に拡充が進められており、2016（平成28）年度に全国で7000か所以上に達しています。

　ただし、「地域子育て支援拠点」という制度上の事業名称は、一般の人たちには馴染みが薄く、むしろ保育所等に設置された「子育て支援センター」を例に挙げたほうがイメージしやすい場合が多いと思います。また、地域子育て支援事業の実施場所に関しては多様化が進んでおり、保育所や公共施設に併設されているものだけでなく、商店街の空き店舗や民家を活用したもの、単独の施設をもつものなど、多様な場所で実践が展開されているのが特徴です。

（渡辺顕一郎）

1：「令和2年社会福祉施設等調査」に基づく施設数。

❷地域子育て支援拠点事業の成り立ち

　前述のように、地域子育て支援拠点事業は、「地域子育て支援センター事業」と「つどいの広場事業」の再編・統合によって成立してきた経緯があります。

1）地域子育て支援センター事業の成り立ち

　保育所に通っていない地域の子育て家庭への支援に取り組む先駆的な保育所が中心となって、1993（平成5）年「保育所地域子育てモデル事業」が全国66か所で始まりました。その後1995（平成7）年には「地域子育て支援センター事業」へと発展し、制度化されました。

　当時の地域子育て支援センターは、市町村を実施主体とする特別保育事業の一つとして行われ、以下の5事業から地域の実情に応じた3事業（従来型）または2事業（小規模型）を選択して実施されていました。

①　育児不安等についての相談指導

②　地域の子育てサークル等への育成・支援

③　地域の保育需要に応じた保育サービスの積極的実施・普及促進の努力

④　ベビーシッターなど地域の保育資源の情報提供等

⑤　家庭的保育を行う者への支援

2）つどいの広場事業の成り立ち

　地域子育て支援センターのモデル事業が実施される前年、1992（平成4）年に、東京都武蔵野市では公共施設として0〜3歳児とその親を対象とした「武蔵野市立0123吉祥寺」がオープンします。これは、幼稚園の跡地を活用し「幼稚園にも保育所にも通園していない乳幼児への行政サービスの強化」の一環として開設されたものでした。

　また、東京都では1995（平成7）年より、住民が身近なところで、子育てに関して気軽に相談でき、適切な援助やサービスが利用できる体制の構築を目的に、各区市町村が設置する子どもと家庭問題に関する総合相談窓口として「子ども家庭支援センター事業」を開始しました。江東区東陽子ども家庭支援センター "みずべ" も、この事業の一つとして1999（平成11）年に開所しました。

　一方、このような施設ができてきたことが刺激になり、市民による草の根活動として「子育てひろば」「子育てサロン」が全国に広がってきました。1995（平成7）年に札幌市では「むくどりホーム・ふれあいの会」、1998（平成10）年には福岡市の「ひだまりサロン」、2000（平成12）年には横

浜市で「おやこの広場びーのびーの」などが活動を始めました。これらの特徴としては、子育て当事者、あるいは子育て経験者が、自らの手で親子が集える場をつくりだしてきた点にあります。

　こうして各地で市民活動が活発になるなか、2002（平成14）年に国庫補助事業として「つどいの広場事業」が制度化されました。これは、NPO法人などの民間団体にも委託が可能であり、また活動場所として公共施設だけでなく、商店街の空き店舗、アパート、民家なども活用が可能となり、柔軟なサービスとして発展しました。

3）地域子育て支援拠点事業の誕生

　2007（平成19）年には、地域子育て支援センター事業とつどいの広場事業は統合・再編され、「センター型」「ひろば型」「児童館型」という三つの事業類型からなる地域子育て支援拠点事業が誕生しました。それに伴い、共通の事業内容、基準等が明確にされ、2008（平成20）年には、児童福祉法に位置づけられました。

　2013（平成25）年度には、「センター型」「ひろば型」が統合されて「一般型」となり、そのなかでも、利用者に対する個別支援を行い、利用者を地域の社会資源とネットワークで支える事業類型が、「地域機能強化型」として追加されました。また、「児童館型」は、児童福祉施設等多様な子育て支援に関する施設に親子が集う場を設け、子育て支援のための取り組みを実施する「連携型」へと移行し、さらに、2014（平成26）年には、子ども・子育て支援新制度における利用者支援事業との調整に伴い、「地域機能強化型」が利用者支援事業に発展的に移行したため、事業類型は、「一般型」「連携型」の2種類となりました。

（奥山千鶴子）

2. 地域子育て支援拠点の制度上の位置づけ

❶社会福祉制度における位置づけ

　地域子育て支援拠点事業は、児童福祉法に基づく子育て支援事業の一つであり、また社会福祉法における第2種社会福祉事業としても位置づけられています。児童福祉法第6条の3第6項には、以下のように定義されています。

この法律で、地域子育て支援拠点事業とは、厚生労働省令で定めるところにより、乳児又は幼児及びその保護者が相互の交流を行う場所を開設し、子育てについての相談、情報の提供、助言その他の援助を行う事業をいう。

また、厚生労働省は、2014（平成26）年度に「地域子育て支援拠点事業実施要綱」（以下、「実施要綱」）を発表し、当該事業の目的・内容・方法等に関する方針を明示しました。このなかで、地域子育て支援拠点事業の目的としては、以下のように述べられています。

少子化や核家族化の進行、地域社会の変化など、子どもや子育てをめぐる環境が大きく変化する中で、家庭や地域における子育て機能の低下や子育て中の親の孤独感や不安感の増大等に対応するため、地域において子育て親子の交流等を促進する子育て支援拠点の設置を推進することにより、地域の子育て支援機能の充実を図り、子育ての不安感等を緩和し、子どもの健やかな育ちを支援することを目的とする。

当然のことですが、社会福祉制度に位置づけられた事業として、実施要綱に規定された内容等を順守するだけでなく、苦情解決や第三者評価にも取り組むことも求められます。また、児童虐待等の問題に対する予防的支援や、障害児養育家庭への早期支援を促すことができるように、他の児童福祉施設や事業と連携を図ることも期待されています。

❷基本事業と事業類型（タイプ）

実施要綱では、地域子育て支援拠点における基本事業として、①子育て親子の交流の場の提供と交流の促進、②子育て等に関する相談・援助の実施、③地域の子育て関連情報の提供、④子育て及び子育て支援に関する講習等の実施に取り組むことが規定されています。この4つの基本事業については、後述するガイドラインの解説の項目のなかでも触れますが、地域子育て支援拠点の核となる機能でもあることから、日々の活動の中心に据えて事業内容の検討や評価等に取り組む必要があります。

事業類型については、先述のように2014（平成26）年度以降、表3-1に示すとおり「一般型」と「連携型」に再編されています。核となる基本事業については「一般型」「連携型」に共通するものであり、実施要綱の一部改正

等を経ても変更はありません。

❸加算事業

　基本事業に加えて、以下のような別途加算の対象となる取り組みが示されています。

1）地域の子育て拠点として地域の子育て支援活動の展開を図るための取り組み

　①　拠点施設の開設場所（近隣施設を含む）を活用した一時預かり事業またはこれに準じた事業

　②　拠点施設の開設場所（近隣施設を含む）を活用した放課後児童健全育成事業またはこれに準じた事業の実施

　③　拠点施設を拠点とした乳児家庭全戸訪問事業または養育支援訪問事業の実施

　④　その他、拠点施設を拠点とした市町村独自の子育て支援事業（未就学児をもつ家庭への訪問活動等）の実施

2）出張ひろば

　常設の拠点施設を開設している主体が、週1～2日、一日5時間以上、親子が集う場を常設することが困難な地域に出向き、出張ひろばを開設

3）地域支援

　地域全体で、子どもの育ち・親の育ちを支援するため、地域の実情に応じ、地域に開かれた運営を行い、関係機関や子育て支援活動を実施する団体等と連携の構築を図るための以下のような取り組みが加算対象となります。ただし、利用者支援事業を同一の事業所で併せて実施する場合には加算の対象となりません。

　①　高齢者・地域学生等地域の多様な世代との連携を継続的に実施する取り組み

　②　地域の団体と協働して伝統文化や習慣・行事を実施し、親子の育ちを継続的に支援する取り組み

　③　地域ボランティアの育成、町内会、子育てサークルとの協働による地域団体の活性化等地域の子育て資源の発掘・育成を継続的に行う取り組み

　④　本事業を利用したくても利用できない家庭に対して訪問支援等を行うこ

とで地域とのつながりを継続的に持たせる取り組み

4）配慮が必要な子育て家庭等への支援（2020（令和2）年度より実施）

　障害児、多胎児のいる家庭など、配慮が必要な子育て家庭等の状況に対応した交流の場の提供や相談・援助、講習の実施等ができるよう、週2日程度以上、専門的な知識・経験を有する職員を配置した場合に加算の対象となります。

5）研修代替職員加算（2020（令和2）年度より実施）

　職員が研修に参加した際、代替職員を配置した場合に加算の対象となります。

6）休日における育児参加促進のための講習会の実施への支援（2021（令和3）年度より実施）

　両親等がともに参加しやすくなるよう休日に育児参加促進に関する講習会を実施した場合に加算の対象となります。

　このように近年、加算事業の内容がより家庭支援・地域支援を強化する方向に変わってきました。たとえば、配慮が必要な子育て家庭等への支援、訪問支援等を行うことで地域とのつながりを継続的に実施する取り組み、両親等がともに参加しやすくなるよう休日に講習会を実施する取り組み、地域の子育て資源の発掘・育成を継続的に行う取り組みです。さらなる機能強化に向けて有効に活用していくことが期待されます。

（奥山千鶴子）

表 3-1　地域子育て支援拠点事業の概要

	一般型	連携型
機能	常設の地域の子育て拠点を設け、地域の子育て支援機能の充実を図る取組を実施	児童館等の児童福祉施設等多様な子育て支援に関する施設に親子が集う場を設け、子育て支援のための取組を実施
実施主体	市町村（特別区を含む。） （社会福祉法人、NPO 法人、民間事業者等への委託等も可）	
基本事業	①子育て親子の交流の場の提供と交流の促進 ②子育て等に関する相談・援助の実施 ③地域の子育て関連情報の提供 ④子育て及び子育て支援に関する講習等の実施	
実施形態	①～④の事業を子育て親子が集い、うち解けた雰囲気の中で語り合い、相互に交流を図る常設の場を設けて実施 ・地域の子育て拠点として地域の子育て支援活動の展開を図るための取組（加算） 　一時預かり事業や放課後児童クラブなど多様な子育て支援活動を拠点施設で一体的に実施し、関係機関等とネットワーク化を図り、よりきめ細かな支援を実施する場合に、「地域子育て支援拠点事業」本体事業に対して、別途加算を行う ・出張ひろばの実施（加算） 　常設の拠点施設を開設している主体が、週1～2回、1日5時間以上、親子が集う場を常設することが困難な地域に出向き、出張ひろばを開設 ・地域支援の取組の実施（加算）※ ①地域の多様な世代との連携を継続的に実施する取組 ②地域の団体と協働して伝統文化や習慣・行事を実施し、親子の育ちを継続的に支援する取組 ③地域ボランティアの育成、町内会、子育てサークルとの協働による地域団体の活性化等地域の子育て資源の発掘・育成を継続的に行う取組 ④家庭に対して訪問支援等を行うことで地域とのつながりを継続的に持たせる取組 ※利用者支援事業を併せて実施する場合は加算しない。 ・配慮が必要な子育て家庭等への支援（加算） 　配慮が必要な子育て家庭等の状況に対応した交流の場の提供等ができるよう、専門的な知識等を有する職員を配置等した場合に加算を行う ・研修代替職員配置（加算） 　職員が研修に参加した際、代替職員を配置した場合に加算を行う ・育児参加促進講習の休日実施（加算） 　両親等が共に参加しやすくなるよう休日に育児参加促進に関する講習会を実施した場合に加算を行う	①～④の事業を児童館等の児童福祉施設等で従事する職員等のバックアップを受けて効率的かつ効果的に実施 ・地域の子育て力を高める取組の実施（加算） 　拠点施設における中・高校生や大学生等ボランティアの日常的な受入・養成の実施 ・配慮が必要な子育て家庭等への支援（加算） 　配慮が必要な子育て家庭等の状況に対応した交流の場の提供等ができるよう、専門的な知識等を有する職員を配置等した場合に加算を行う ・研修代替職員配置（加算） 　職員が研修に参加した際、代替職員を配置した場合に加算を行う ・育児参加促進講習の休日実施（加算） 　両親等が共に参加しやすくなるよう休日に育児参加促進に関する講習会を実施した場合に加算を行う

	一般型	連携型
従事者	子育て支援に関して意欲があり、子育てに関する知識・経験を有する者（2名以上）	子育て支援に関して意欲があり、子育てに関する知識・経験を有する者（1名以上）に児童福祉施設等の職員が協力して実施
実施場所	公共施設空きスペース、商店街空き店舗、民家、マンション・アパートの一室、保育所、幼稚園、認定こども園等を活用	児童館等の児童福祉施設等
開設日数等	週3～4日、週5日、週6～7日／1日5時間以上	週3～4日、週5～7日／1日3時間以上

資料：厚生労働省

3. 地域子育て支援拠点の多機能化とその展望

　地域子育て支援拠点をめぐる近年の動向の一つに、拠点施設の多機能化が挙げられます。利用者支援事業、一時預かり事業、ファミリー・サポート・センター事業等を併せて実施する拠点施設が増えつつあり、こうした多機能的な取り組みに関しては、地域における総合的な支援拠点としての役割が期待されています。

❶多機能型の拠点施設の支援効果

　筆者らが 2016（平成 28）年度に実施した調査研究では、地域子育て支援拠点に利用者支援事業、一時預かり事業、ファミリー・サポート・センター事業などが併設された多機能型の拠点施設においては、以下のような支援効果が明らかになっています [2]。

○多機能型の拠点施設では、子育て家庭が複数の事業を利用する必要がある場合に、併設の他のサービスにつながりやすい。

○とりわけ地域子育て支援拠点が有する「ひろば」（子育て親子等が自由に集い、相互に交流したり子どもが遊ぶことができるように意図的に開設された場所）において、一時預かり事業やファミリー・サポート・センター事業による預かりを利用する場合、親子が普段から人や場所に馴染んでいることによって抵抗感や精神的負担が少なく、利用しやすい側面がある。

○多機能型の拠点施設の職員にとっては、事業種別を超えて職員同士が情報共有を図ることによって、特定の事例（ケース）について理解を深めたり、多面的に見立てることが可能になる。

○地域子育て支援拠点の職員は、保護者との日常的な会話を通して生活状況を把握したり、親子の様子を継続的に見守ることができる立場にあるため、必要に応じて他のサービスを紹介したり、親子の様子をモニターする役割を担うのに適している。

　また、筆者らが 2017（平成 29）年度に実施した調査研究では、多機能型の拠点施設を利用する乳幼児の保護者へのアンケート調査を通して、以下のようなメリットや支援効果を確かめることができました [3]。

1）支援の入口

　乳幼児の保護者にとって、地域子育て支援拠点は子どもの遊び場であるだけでなく、子育てに関する情報を得たり、悩みなどを気兼ねなく相談できる「敷

2：渡辺顕一郎，金山美和子，坂本純子，奥山千鶴子「多機能型子育て支援事業の実施状況等に関する質的調査の概要・結果・考察」『親子の交流の場の提供を中心とした地域子育て支援事業の実践状況等に関する調査研究報告書』厚生労働省平成 28 年度子ども・子育て支援推進調査研究事業（研究代表者：橋本真紀），2017.

3：渡辺顕一郎，金山美和子ほか「多機能を有する地域子育て支援拠点の取組が利用者にもたらす効果及び包括的な子育て支援事業の展開に果たす役割等に関する調査」『地域子育て支援拠点の質的向上と発展に資する実践と多機能化に関する調査研究』厚生労働省平成 29 年度子ども・子育て支援推進調査研究事業（研究代表者：坂本純子），2018.

居の低い」相談場所としての役割も担っています。したがって、拠点の職員が日頃から併設の子育て支援事業について周知したり、相談に応じるなかで紹介したりすることによって、利用者にとって必要とされる他のサービスの利用を促進することができます。

　2017（平成29）年度の調査では、先行事例となる多機能型の拠点施設（全国15か所）を選出し、地域子育て支援拠点だけでなく併設の子育て支援事業も利用する「サービス併用者」に対して、他のサービスを利用するようになった理由を尋ねました。その結果、図3-1に示すように、地域子育て支援拠点と同じ施設内で実施されていることにより「安心感があった」「支援内容を以前から知っていた」「利用手続きがしやすかった」などが上位に挙げられており、拠点が他のサービスの利用につながる「入口」となり得る効果が確認されました。

図3-1　地域子育て支援拠点に併設の他のサービスを利用した理由

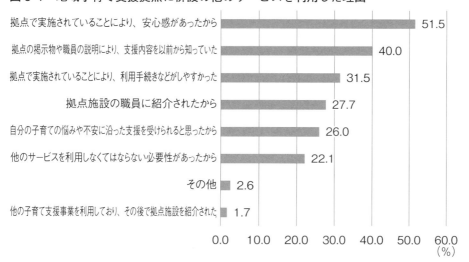

拠点で実施されていることにより、安心感があったから　51.5
拠点の掲示物や職員の説明により、支援内容を以前から知っていた　40.0
拠点で実施されていることにより、利用手続きなどがしやすかった　31.5
拠点施設の職員に紹介されたから　27.7
自分の子育ての悩みや不安に沿った支援を受けられると思ったから　26.0
他のサービスを利用しなくてはならない必要性があったから　22.1
その他　2.6
他の子育て支援事業を利用しており、その後で拠点施設を紹介された　1.7

0.0　10.0　20.0　30.0　40.0　50.0　60.0（%）

※先行事例となる拠点施設（全国15か所）のサービス併用者235人が回答（複数回答）

2）支援の相乗効果

　多機能型の拠点施設においては、地域子育て支援拠点を「入口」とし、必要に応じて併設のサービスの利用も促すことによって、複合的なニーズを有する利用者に対してより効果的に支援を行うことができます。先述の2017（平成29）年度の調査では、複数のサービスを利用する「サービス併用者」のほうが、地域子育て支援拠点のみの利用者に比べて相対的に高い支援効果が示されており、いわゆる「支援の相乗効果」を確認することができました。

　図3-2に示したように、「サービス併用者」と「拠点のみ利用者」に分けて

クロス集計を行った結果では、「子育てで困った時に頼れる人や場所が増えた」「サービスを使うことへの抵抗感が軽減された」など、すべての項目に関して「サービス併用者」のほうが「拠点のみ利用者」よりも高い割合で「そう思う」という肯定的な回答を示していました（全項目で有意差も確認されています）。

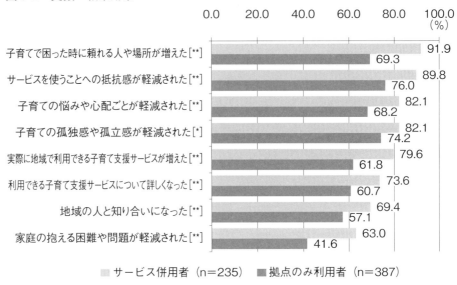

図3-2　支援の相乗効果

子育てで困った時に頼れる人や場所が増えた[**]　91.9 / 69.3
サービスを使うことへの抵抗感が軽減された[**]　89.8 / 76.0
子育ての悩みや心配ごとが軽減された[**]　82.1 / 68.2
子育ての孤独感や孤立感が軽減された[*]　82.1 / 74.2
実際に地域で利用できる子育て支援サービスが増えた[**]　79.6 / 61.8
利用できる子育て支援サービスについて詳しくなった[**]　73.6 / 60.7
地域の人と知り合いになった[**]　69.4 / 57.1
家庭の抱える困難や問題が軽減された[**]　63.0 / 41.6

■サービス併用者（n=235）　■拠点のみ利用者（n=387）

*p<.05　**p<.01

❷地域における包括的支援

　第1章でも述べたように、子ども家庭福祉分野においては予防や早期支援が重視されるようになり、とりわけ複合的な課題を抱える家庭に対する包括的な支援の必要性が高まっています。地域子育て支援拠点において多機能的に子育て支援事業に取り組む場合、子育て世代包括支援センターや母子保健事業などとも連携しつつ、地域において包括的支援を担う一翼となり得ると考えます。

　図3-3は、地域子育て支援拠点を中核とした包括的支援のイメージを示しています。日常的な交流の場である「居場所型支援」（地域子育て支援拠点）をプラットフォームとし、①他機関との結節点として調整機能を活かし、利用者にとって敷居の低い「相談支援」（利用者支援事業など）、②養育者のレスパイト等を目的とした子どもの「預かり型支援」（ファミリー・サポート・センター事業、一時預かり事業、子育て短期支援事業など）、③子育て家庭につながるための「訪問型支援」（養育支援訪問事業、乳児家庭全戸訪問事業など）を、総合的に展開することが期待されます。

図 3-3　地域子育て支援拠点を中核とした包括的支援のイメージ

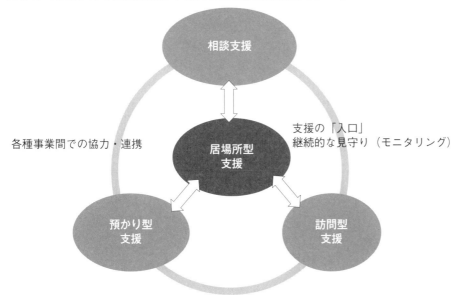

支援の「入口」
継続的な見守り（モニタリング）

各種事業間での協力・連携

（渡辺顕一郎）

4. 地域子育て支援拠点ガイドラインとその解説

❶地域子育て支援拠点ガイドラインとは

　既述のように、地域子育て支援拠点は、児童福祉法に基づく子育て支援事業、社会福祉法における第2種社会福祉事業として位置づけられています。つまり、子どもの健やかな成長・発達や生活保障を理念に掲げる児童福祉の視点に立ち、地域において子どもの育ちや子育てを支える中核的な拠点機能を担うことが期待されており、同時に公益性の高い社会福祉事業として一定の責務を果たすことも求められているのです。たとえば、法令に基づいて各種事業を実施することは当然ですが、日々の活動の振り返りや点検、さらには事業評価等を通して支援の質的向上に努めることも重要です。

　その半面、地域子育て支援拠点は、おもに保育所に併設されてきた「地域子育て支援センター」、子育て当事者による草の根的な運動から発展してきた「つどいの広場」という、成り立ちの異なる両事業が再編・統合されて誕生しました。そのため、市町村、社会福祉法人、NPO等の運営主体と、それらに従事する保育士、子育て経験者、保健師、児童厚生員等、さまざまな実践者が混在し、支援内容の多様化も進んでいます。

　したがって、個々の実践者が受けてきた専門教育や、経験に基づく"思い"だけでは利用者の課題に対応しきれず、効果的な支援を模索しなければならない場合があります。また、方法論が明確でないために、いわゆる"場"だけの提供に終わり、支援者のかかわりすら確保できていない拠点も未だ散見されます。

　本来、地域子育て支援拠点における取り組みは、子育て環境の変化や地域特性の相違を考慮し、柔軟な支援が展開されることが望ましいと考えます。しかし、基礎となる原理・原則や方法論的な未成熟さから、各所で行われている支援には格差が生じているのです。また、子育て支援そのものが、学際的には、社会福祉、保育、心理学等のどれかの枠組みだけではとらえにくく、それだけに新しい領域としてさらに研究が進められる必要もあります。

　本書で提示するガイドラインは、地域子育て支援拠点の基本となる理念や理論を明確にし、活動の指標を明示することによって、支援内容の標準化と質的向上を目指しています。なお、このガイドラインは、筆者らが子育てひろば全国連絡協議会と協働し、地域子育て支援拠点の実践に関する調査研究等に取り組んだ成果として、2009（平成21）年度に発表したものです。その後、児

童福祉法が相次いで改正されたり、子ども・子育て支援新制度がスタートするなか、2014（平成 26）年度に厚生労働省が「地域子育て支援拠点事業実施要綱」を定めたこともあり、本書では改めてこうした制度や社会の動向をふまえ、ガイドラインの見直しを行いました。したがって、以下、本章で解説を加えるガイドラインは「改訂版」となっています。

（渡辺顕一郎）

ようこそ

新浜親子つどいの広場
二橋有美子 (千葉県)

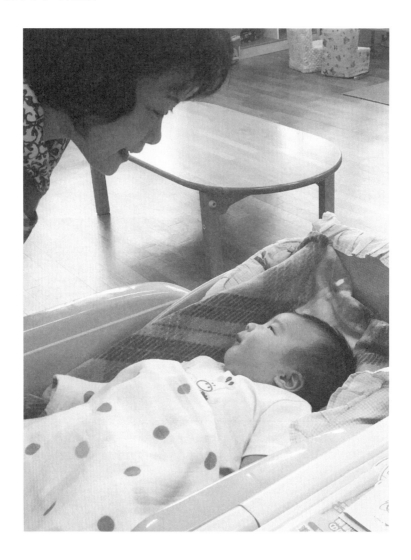

「いいこね～。はじめまして。ようこそつどいの広場へ。」

❷地域子育て支援拠点ガイドラインの解説

　以下、地域子育て支援拠点のガイドラインに関して、より詳細な解説を加えます。筆者らが作成したガイドラインは9項目（01〜09）で構成されていますが、各項目について枠囲みの中の文章がガイドライン本体に記されている事項です。本章では、より詳細な解説を項目別に枠外に記載し、ガイドライン本体の説明と照らし合わせながら理解を深めていけるようにしています。

　なお、ガイドライン本体だけを参照する場合には、巻末の資料を参照してください。また、「ガイドラインに基づく自己評価表」及び「利用者向けアンケート」も資料として巻末に添付していますので、積極的にご活用いただければと思います。

01　地域子育て支援拠点とは

> 　地域子育て支援拠点は、親同士の出会いと交流の場であり、子どもたちが自由に遊びかかわりあう場でもある。親は親で支えあい、子どもは子どもで育ちあい、地域の人たちが親子を温かく見守ることが、子育ち・子育てにおいては必要不可欠な経験となる。すなわち、地域子育て支援拠点は、親子・家庭・地域社会の交わりをつくりだす場である。

　現代社会では、親同士が日常的に交流できる近隣関係や、子ども同士が群れて遊べるような場を見出すことは難しくなってきました。育児不安や孤立した子育てが問題となる中、親子が他者と出会い交流できる仕組みを意図的に再生することが求められています。地域子育て支援拠点には、子ども同士、親同士、さらには地域の様々な人たちと子育て家庭をつなぐ「架け橋」としての働きが期待されます。

　厚生労働省が定める『地域子育て支援拠点事業実施要綱』においては、「一般型」「連携型」の2つの事業類型を設け、両方に共通する4つの基本事業を規定しています。
ア　子育て親子の交流の場の提供と交流の促進
イ　子育て等に関する相談、援助の実施
ウ　地域の子育て関連情報の提供
エ　子育て及び子育て支援に関する講習等の実施（月1回以上）

このように、地域子育て支援拠点は、単に親子が集う場を提供するだけでなく、子育てに関する相談や情報提供などを行ったり、親子の交流を通して親同士の支えあいや子ども同士の育ちあいを促すような働きが求められています。これらの基本事業は、地域子育て支援拠点における中心的な取り組みであり、法令順守の観点からも支援者は適正な実施に努めなければなりません。

　また、基本事業だけでなく、地域支援の視点に立って、地域の連携や交流を図るなどの活動に取り組むことも期待されています。妊娠期から子育て期まで切れ目のない支援体制を構築するためには、公的な制度に位置づけられた他の子育て支援事業や母子保健事業などとの連携はもちろんのこと、民間の自発的・自主的な子育て支援の取り組みにも目を向けて、地域全体で子育てを支える拠点としての機能を担うことが重要です。

※親とは主に父や母を指すが、祖父母・その他の養育者なども含む

1）地域子育て支援拠点の基本事業

　地域子育て支援拠点事業の実施要綱においては、上記のようにア～エの4つの基本事業が規定されていますが、それぞれの活動内容について詳細な説明が加えられているわけではありません。そこで本書では、筆者らのこれまでの研究や実践に基づき、基本事業について以下①～④に分けて、より詳細な解釈や説明を述べておきます。

① 子育て親子の交流の場の提供と交流の促進

　地域子育て支援拠点では、子育て親子が気軽にかつ自由に利用できる交流の場の環境づくりが重要です。明るく開放的な空間、子どもの発達に沿った遊具や遊びの提供、大人（保護者）にとってもリラックスできる居心地のよい環境づくりを心がけましょう。また、実施要綱に、「授乳コーナー、流し台、ベビーベッド、遊具その他乳幼児を連れて利用しても差し支えないような設備を有すること」と定められているように、子育て親子に必要な設備・備品の設置が求められています。また、場の提供に留まらず、日常的な活動のなかで親子をつなぎ交流を促すことは、地域子育て支援拠点事業における支援者に求められる重要な働きの一つと位置づけられています。

② 子育て等に関する相談、援助の実施

　地域子育て支援拠点には、子育て支援に関して一定の知識と経験を有する支

援者を配置するように定められており、保護者からの個別の相談に対応し、必要に応じて他の専門機関とも連携しながら適切に援助を行うことが求められています。また、日常的な子育ての相談に関しては、親同士や少し先輩の親からの助言が役立つことも多く、利用者が相互に支えあう関係をつくり出すことも大切です。

③　地域の子育て関連情報の提供

　地域子育て支援拠点は、地域の子育て支援サービスに関する情報や子育てに役立つ情報を集約し、それらを保護者に提供する"情報ステーション"としての働きが求められています。そのため、地域子育て関連情報を丹念に収集・更新するだけでなく、保護者に対して効果的に伝える工夫が必要です。保護者からの問い合わせに応じて支援者が直接的に情報提供を行うことはもちろん、拠点施設内での情報コーナー等の掲示も大切ですし、最近では SNS 等インターネットを活用した情報提供なども求められるようになっています。

④　子育て及び子育て支援に関する講習等の実施（月１回以上）

　地域子育て支援拠点では、保護者が子育てに関する知識を得られるように、保護者のニーズに応じた講習会や講座を開催することが求められています。また、地域の意識啓発やボランティア養成のために講座等を開催し、地域住民の理解を高めたり、活動への参画を促す機会を提供することも大切です。

2）地域の子育て支援の展開を図るための取組

　厚生労働省が定める実施要綱では、上記の基本事業に加えて、市町村からの委託等により、子育て支援活動の展開を図ることを目的として、加算の対象となっている事業があります。主な事業は以下の通りです。

①　拠点施設の開設場所（近隣施設を含む。）を活用した一時預かり事業またはこれに準じた事業の実施

②　拠点施設の開設場所（近隣施設を含む。）を活用した放課後児童健全育成事業またはこれに準じた事業の実施

③　拠点施設を拠点とした乳児家庭全戸訪問事業または養育支援訪問事業

④　その他、拠点施設を拠点とした市町村独自の子育て支援事業（未就学児をもつ家庭への訪問活動等）の実施

⑤　出張ひろば

⑥　地域支援

　・高齢者・地域学生等地域の多様な世代との連携を継続的に実施する取り組み

　・地域の団体と協働して伝統文化や習慣・行事を実施し、親子の育ちを継続

的に支援する取り組み

・地域ボランティアの育成、町内会、子育てサークルとの協働による地域団
体の活性化等地域の子育て資源の発掘・育成を継続的に行う取り組み

・本事業を利用したくても利用できない家庭に対して訪問支援等を行うこと
で地域とのつながりを継続的に持たせる取り組み

⑦　配慮が必要な子育て家庭等への支援

⑧　研修代替職員加算

⑨　休日における育児参加促進のための講習会の実施への支援

3）地域における連携

　先述のように地域子育て支援拠点事業は、児童福祉法の改正などの近年の動
向に見られるように、より予防的機能が重視されるようになっています。育児
不安や孤立した子育てが問題になるなか、保護者が身近な地域のなかで子育て
の悩みを相談できる拠点が整備されたり、子育ての負担を軽減できるように一
時預かり事業、訪問事業等の整備も進められることが児童虐待などの重篤な問
題の発生予防につながる側面があります。

　さらに地域子育て支援拠点には、地域全体で子どもの育ち・親の育ちを応援
するため、地域の実情に応じて、地域に開かれた運営を行い、関係機関や子育
て支援活動を実施する団体等と連携を図っていくことが期待されています。特
に妊娠期からの切れ目ない支援体制の整備が求められるなか、地域子育て支援
拠点は、子育て世代包括支援センターや利用者支援事業等との連携・協働はも
ちろんのこと、民間の自発的・自主的な取り組みにも目を向けて、地域全体で
子育てを支えるための拠点としての機能を担うことが期待されています。

（奥山千鶴子）

02 基本的な考え方

> 子どもの育ちも子育ても、家庭の中で完結する営みではなく、様々な人たちとのかかわりを通して促される。地域の人たちの支えを得て、親子が豊かに生活できる環境をつくり出すことが、子どもとその家庭全体の福祉の向上につながる。

地域子育て支援拠点事業は、子どもの健やかな育成と生活保障を理念に掲げる「児童福祉法」に位置づけられた社会福祉事業です。児童福祉法では、地域子育て支援拠点事業について以下のように規定されています。

乳児又は幼児及びその保護者が相互の交流を行う場所を開設し、子育てについての相談、情報の提供、助言その他の援助を行う事業をいう。

また、子どもの権利条約（1989年国連採択）に示された「子どもの最善の利益の優先」は、児童福祉、母子保健、教育などの様々な分野で重視されるようになっています。地域子育て支援拠点においては、親及び子どもの性別、出身地、民族、国籍、障害などにかかわらず、親子の交流や地域交流を通して、子どもが健やかに育まれることを"子どもの利益"ととらえます。また、子どもだけでなく、親も支えを得て、子育てに取り組む意欲や自信を高めていくことが、親子の関係性と家庭生活の安定につながります。

これまで述べてきた内容については、以下のようにまとめることができます。
① 個々の子どもの個性や可能性が認められ、尊重されること。
② 親が支えを得て子育てに取り組むことができ、子どもに向き合うゆとりと自信を持てるように支援すること。
③ 親子の関係性、そして様々な人たちとの関係性のなかで、子どもが他者への信頼感を高められるように支援すること。
④ そのような関係性の中で子どもと親の孤立・孤独を回避し、自己肯定感を高め、豊かに生活できる環境が創造されること。

子育てをめぐっては、児童虐待、貧困、ひとり親家庭、子どもの障害

や外国籍の家庭への対応など、多様な福祉的課題が顕在化しています。また、父親不在の育児が課題となるなか、父親の育児参加を促すためにパパプログラムなどの支援に取り組むことも求められます。地域子育て支援拠点は、子育てを行う家庭の多様性を視野に入れつつも、それぞれの地域ではどのような課題への対応が急務となっているかについても把握し、拠点における取り組みの内容や地域連携のあり方について検討することが求められます。

1）「子どもの最善の利益の尊重」と親支援

子どもの権利条約（1989年国連採択）に示された「子どもの最善の利益の尊重」は、児童福祉、精神保健、母子保健、教育などのさまざまな分野で重視されるようになっています。とりわけ、2016（平成28）年の児童福祉法改正では、子どもの権利条約の基本的な考え方が法の理念に反映されるなど、福祉分野では従来よりもその位置づけが高まっているといえます。

地域子育て支援拠点においては、親および子どもの性別、出身地、民族、国籍、障害、家族構成、経済状況などにかかわらず、ほかの親子との交流や地域交流を通して、子どもが健やかに育まれることを"子どもの利益"ととらえます。また、乳幼児期の子どもたちにとって最初に出会う大人が親であることを考えれば、子どもだけでなく、親も支えを得て、子育てに取り組む意欲や自信を高めていくことが、親子の関係性と家庭生活の安定につながると考えます。

2）家族の成長に寄り添う

児童福祉や子育て支援の現場では、支援の対象は「子どもなのか、親なのか」というような議論になることがあります。しかし、このような二分論的な考え方ではなく、地域子育て支援拠点においては、子どもの個性や発達に目を向けつつ、親が余裕とゆとりをもち、子育ての充実感が図られるように支援することが大切です。これは、子ども家庭福祉の基本的な視点にも合致します。全体として調和のとれた家庭生活がすごせるように、家族の成長に寄り添う視点が求められます。

3）さまざまな人とのかかわりのなかでの成長

これまで述べてきたように、核家族化や地域との関係が希薄化するなかで、幼い子どもにとっては親以外の他者とかかわる経験が得にくくなっています。特に家庭で子育てをしている場合、幼稚園に就園するまで、同年代の子ども同

士の関係すらも得にくい現状があります。

　そのため、地域子育て支援拠点では、親子に対する支援だけでなく、むしろ、子ども同士の交流を促したり、学生から年配者まで世代を超えた地域のボランティアを受け入れるなど、地域交流やネットワークづくりに積極的に取り組む必要があります。

　支援者による専門的な支援だけでなく、地域のボランティアとの温かな交流、はつらつとした学生ボランティアとのかかわりなどが、親子の成長、子育ての充実感に対して大きな影響力をもつと考えられます。

4) 多様な利用者への理解と支援
　現代社会においては、大人の就労の場と生活の場が離れ、生活圏域で子ども同士が育ちあう環境も、地域の活動を通じて子どもが親以外の大人と知り合う機会も失われてきました。このように、地域社会や生活圏域全体で子どもを育ててきた仕組みが成り立たなくなり、家庭や保育・教育などに比重が高まっていると言われています。したがって支援者は、社会や家庭の構造的な変化や変容というものを客観的に理解し、特に保育所等に通う前の子どもの育ちが家庭の影響を受けやすい点を踏まえて、個別の子どもや家庭の状況について把握し理解しておく必要性があります。

（奥山千鶴子）

03 支援者の役割

> 支援者に求められる役割は、親と子どもの最大の理解者であり、日常生活における身近な「話し相手」「遊び相手」であり、地域の人と人との関係を紡ぎだすことである。
>
> 支援者は利用者を温かく迎え入れ、利用者同士がお互いに支えあい、育みあえる関係づくりに取り組むことが重要である。また、他の専門職との連携やネットワークづくり、ボランティアとの交流など、積極的に地域交流の可能性を拡大するようにも努めること。

　支援者として最も大切な役割は、親と子どもの最大の理解者であることです。そのうえで、親子にとって身近な地域にある拠点に配置された支援者に期待される役割や、拠点の支援者が担うべき固有の役割について述べていきます。

1）温かく迎え入れる

　地域子育て支援拠点に初めて訪れる際には、誰でも期待と同時に、自分が受け入れてもらえるかという不安や、初めての場・人に出会うことへの緊張感を経験します。支援者が日常的な挨拶と笑顔を絶やさずに迎え入れることは、緊張を緩和するだけでなく、不安を乗り越えて来所してきた利用者に対して敬意を示すことにもなります。

　地域子育て支援拠点の利用者に対する調査では、子育ての仲間ができるか、ほかの親子に受け入れられるかといったことのほかに、支援者に自分や子どもが受け入れられるかを不安に思う利用者もいます（第2章の図2-11を参照）。このような不安を抱きながらも来所してきたすべての利用者に対し、温かく敬意をもって迎え入れることが大切なのです。

　調査の結果では、実際に利用してみると不安を感じる利用者は少なくなる傾向が示されています。しかし、利用者のなかには利用後も不安な気持ちをもっている人がいることを支援者は真摯に受けとめ、どの利用者も安心した気持ちですごすことができるように努力することが必要です。

　支援者が利用者の動きをよく見ているのと同じように、多くの利用者は支援

者の表情や言動、何気ないしぐさを見ています。支援者の笑顔は利用者に安心感や親しみやすさをもたらしますが、無表情や否定的なまなざしは居心地の悪さを醸しだします。支援者は自分がどのような表情や動作をしていて、利用者にどのような影響を与えているのかを省みることも必要です。

2）身近な相談相手であること

　支援者は日頃から個々の利用者とかかわり、気兼ねなく相談に応じられる態度で接することが大切です。利用者は支援者の人柄にふれるにつれて、次第に親近感や信頼感を抱くようになります。利用者から個別に相談を求められたときにも、自分の意見を述べるより、まずは相手の話にじっくりと耳を傾けることが基本となります。

　たとえば、地域子育て支援拠点においては、何気ない日常会話から相談に発展するケースが多くみられます。また、相談するともなしに会話をすることで、自然に利用者の悩みごとが整理されたり、解決のヒントがみつかったりすることもしばしばです。利用者の話をさえぎって言葉をはさんだり、すぐにアドバイスをしたりするのではなく、相手の話をよく聞くこと（傾聴）を心がけましょう。

　利用者に話しかける際には、笑顔で親しみやすい雰囲気を大切にすることを意識します。同様に、利用者から話しかけられやすいような雰囲気を意識することも支援者として大切なことです。

　私たちが誰かに声をかける場合は、一見して気難しそうな、冷たそうな人よりも、気さくに相談に応じてくれそうな人を選ぶのではないでしょうか。また、相手が気ぜわしく動き回っているときよりも、時間に余裕のあるときのほうが話しかけやすいでしょう。支援者は、利用者にとって相談しやすい存在であるよう心がけたいものです。

3）利用者同士をつなぐ

　地域子育て支援拠点では、同じ立場にある親同士の支えあい、子ども同士の育ちあいを促すことが大切です。ただし、利用者によっては集団に馴染めなかったり、日々利用者の顔ぶれが変わる中で既成の集団に入りにくい場合も生じます。したがって支援者には、利用者集団の動きを

よく把握し、必要に応じて利用者同士を紹介したり結びつける役割が求められます。

　たとえば、特定の利用者との何気ない会話の際に、近くにいるほかの利用者が入りやすいように心がけることや、ある情報を探している利用者にその情報に詳しい親を紹介することなども、親同士をつなぐきっかけになります。また、支援者が子どもたちのかかわりあいをつくることにより、その子どもの親同士が顔見知りになる場合も多くあります。このほかにも、親同士のおしゃべり会や趣味の会、講習会などを開催して、親同士が交流するきっかけをつくることもできます。

　新潟県上越市の地域子育て支援拠点「こどもセンター」では、毎年５月に「じょうえつ子育て情報カフェ」を開催し、子育て支援情報や支援の活用方法、子育てサークルのメンバーによるサークル紹介などを行っています。例年、転入者や新しく親になった人の参加が多く、近年では妊娠中の人の参加もみられます。このような催しへの参加をきっかけに拠点の継続的な利用につながる事例や、初めて訪れた利用者同士が仲良くなり、その後は一緒に拠点を利用するようになった事例も報告されています。

　このように、利用者同士をつなぐ方法は一様ではありません。支援者には、意識的に利用者集団の関係性を観察し、状況に合わせた支援を行う柔軟性が求められます。

4）利用者と地域をつなぐ

　地域子育て支援拠点の働きとして、親子の成長を見守ることができる環境づくりに取り組むことは重要です。そのためには、世代を超えた地域の人たちがボランティアとして活躍できる機会をつくりだし、積極的に地域交流を図ることが求められます。また、必要に応じて他機関・施設との連携を図りながら支援を行うことも重要です。

　地域で活動するさまざまな人たちの協力を得ることは、地域子育て支援拠点の活動を豊かなものにすることであり、子育て家庭の理解者や応援者を増やすことにもなります。拠点での出会いがきっかけで親も子も地域に顔見知りが増え、さまざまな世代との交流が生まれることにもなります。

また、拠点スタッフだけでは人手が足らずにあきらめていた活動が、地域の
ボランティアにお願いすることで実現可能になったという事例も数多く報告さ
れています。

　利用者と地域をつなぐためには、地域の人たちにとって開かれた拠点である
ことが大切ですし、それが伝わるような情報発信も支援者に求められます。ま
た、いつ、どんなことを手伝ってほしいかなど、具体的な情報発信をすること
により、ボランティアに関心のある人が参加できるきっかけにもなります。

　他機関・施設との連携やネットワークは、人と人とのつながりで広がってい
くものであり、時間や経験を共有することでお互いの信頼関係が形成され、つ
ながりが深まっていくのです。その時々で、または地域の実情に応じて、ネッ
トワークの構成メンバーは変わり、支援する内容や方法も異なります。地域で
活動する子育て支援の関係団体が必要に応じて手を取り合い、一つひとつ重ね
ていった実践の軌跡がネットワークの姿なのです[4]。

> ## 5）支援者が積極的に地域に出向く
> 　地域子育て支援拠点について知らなかったり、利用に際してためらい
> や不安があるために、支援につながることが難しい人もいます。支援者
> が子育てサークルや乳幼児健診などの親子が集まる場に出向き、自ら知
> り合うきっかけをつくることで利用を促すことも大切です。

　このように、支援を必要とする人に対して、支援者のほうから地域に出向く
ことで利用を促す働きを「アウトリーチ」といいます。地域子育て支援拠点事
業の実施要綱にも「出張ひろばの実施」や地域支援の一つとして、「拠点事業
を利用したくても利用できない家庭に対して訪問支援等を行うことで地域との
つながりを継続的に持たせる取組」が示されています。

　子育て中の親子が集まりやすい場所として、子育てサークルや乳幼児健診が
あげられます。特に乳幼児健診の受診率は、3〜5か月児が94.0％、1歳6
か月児が95.2％、3歳児が94.5％であり、地域で子育て中の親子が一堂に
集う絶好の機会ともいえるでしょう[5]。たとえば、先行自治体では、健診の順
番を待っている時間を利用して移動ひろばを開催したり、保護者同士の交流会
を開催したりという試みも行われています。また、乳幼児健診をきっかけに地
域子育て支援拠点への利用につながるように、拠点を健診会場に設定している
自治体もあります。

4：金山美和子，中條美奈子，荻原佐知子『地方発みんなでつくる子育て支援——上越市マミーズ・ネットの挑戦——』
　　子どもの未来社，2010.
5：『厚生労働省令和2年度地域保健・健康増進事業報告の概要』令和4年3月30日.

第3章 地域子育て支援拠点

ただし、行政の縦割りを越え、母子保健と子育て支援の連携を図ることによって、アウトリーチを効果的に進めようとする自治体はまだ少ないのが現状です。地域子育て支援拠点を予防的な支援として位置づけるならば、こうした取り組みが進められることが期待されます。

（金山美和子）

04 子どもの遊びと環境づくり

> 普段から親子だけで過ごしがちな幼い子どもが地域の大人と触れ合ったり、子ども集団の中で自然かつ自発的な育ちあいが促されるように配慮することは大切である。そのためには全員参加型の活動や、親子合同のプログラムのみに終始せず、子ども同士のかかわりを見守ったり、地域交流の中で遊びや活動を創造できる環境づくりにも努めること。

　子育て環境の変化は子どもの生活環境をも大きく変えました。特に、親子だけで家のなかですごす時間が増え、室内でテレビやビデオを観てすごすことが多くなるなど、子ども自ら主体的に環境に働きかける機会が少なくなっています。また、外遊びや、同年齢・異年齢の子どもや親以外の大人とすごす機会なども少なくなっており、自然や多様な人にかかわる経験も少なくなっているのです。

　こうした変化のなかで、現代の乳幼児期の子どもの育ちや経験を考えて、地域の子育て支援のあり方を考える必要があるのです。

1）子どもを受容する

　子どもは生まれたときから独立した人格を持つ存在であり、一人ひとりの性格や発達の様子に差が見られるのも自然なことです。子どもたちは周りから受け容れられ、日々の生活の中で安心・安定して過ごすことを欲しています。まずは、子どものありのままの姿を見つめ、"感じていること""していること"に共感しつつ、可能性を広げていくことが大切です。

　親にとっては、立って歩き出すのが遅くないか、おむつがとれるのが遅くないか等々、ほかの子どもと比べて、わが子が何かをできるようになるのが遅いのではと心配になることが多いようです。かつてであれば、きょうだいの数も多く、また多くの大人の見守りのなかで育てられたため、過剰に心配する親は多くなかったのかもしれません。しかし、いまは子育てのマニュアルどおりにうまくいかないといって、心配になることがよくあるのです。

　しかし、これまでの多くの発達研究が示しているとおり、一人ひとりの子ど

もの発達は個人差が大きく、一人ひとりの個性を受容することが大切であると考えられます。特に、特定の大人との愛着関係を形成することが重要です。その代表的な研究として、ボウルビィのアタッチメント理論などがあげられます。子どもの成長において、母親のみならず特定の大人からその存在が丸ごと受け止められ、可愛がられることが不可欠です。そのような関係が形成されることによって、安定感をもち、しっかりとした自我が形成され、自分の世界を広げていくことができるのです。

> ### 2）子どもにとって"快"な場所であるように配慮する
> 　地域子育て支援拠点では、子どもにとって居心地がよく、活動の内容も個々の子どもの興味や関心を大切にしながら発達に応じた環境設定が求められます。安全を確保しながらも、おもちゃ棚等でスペースを区切るなどコーナーに分けることで、子どもが自分の意思で遊びを選択し、ゆっくり遊びこめる環境をつくるなど、拠点全体のゾーニング等への配慮が欠かせません。支援者が受容的にかかわることはもちろん、できるだけ閉塞感がなく活動しやすいように、部屋の明るさや遊具の配置に工夫を凝らすことも大切です。

　乳幼児期の子どもは、抱っこされたり、あやされたりするなどの大人からの受容的なかかわりに加え、子ども自身が自発的に遊ぶことによって育っていく面が大きいと考えられています。幼児教育学の領域において、遊びの意義は歴史的に諸説ありますが、遊びは子どもにとって自然な行為であり、遊びを通して子どもの全面発達を促すものとして重要であると理解されています。

　しかし、現代において、子どもが思い切り遊ぶ環境や機会はとても少なくなっています。密室化された子育て環境では、遊びといっても、テレビやビデオを観ることなどの受動的で、実体験を伴わない遊びの時間が増大しています。それに比べて、能動的で、実体験を伴うどろんこ遊びなど、外での自然に触れて遊ぶことや、おにごっこなど、友だちと一緒に体を動かして遊ぶ機会が少なくなっています。

　また、遊びには、イメージをふくらませて物を見立てたり、友だちと役になりきって遊ぶままごと遊びや、積み木などを使って遊ぶ構成遊び、何かを描いたり作ったりするような手作業を伴う遊び、歌をうたったり踊ったりするような表現遊び、簡単なルールのある遊びなど、たくさんの遊びの種類があります。

地域子育て支援拠点では、可能な範囲で子どもが多様な遊びに触れることができるような環境をつくることが求められます。そのためには、遊びの場（環境）づくりも大切です。子どもが自分で取り出しやすい（片づけやすい）ような遊具の配置や分類をすることで、子どもの遊び方も変わってきます。遊具の数が極端に少なく制限されたり、使い方のルールがあまりにも多いと、親子に閉塞感を与え、居心地を悪くすることもあります。

　また、親子の動線やコーナーへの配慮も必要になるでしょう。いつも小さな赤ちゃんの近くを大きな子が走り回るようでは、赤ちゃんとその親は落ち着いてすごすことができません。よく考えられている拠点では、子どもの年齢や遊びの種類などによっても、場（コーナー）を変えるなどの工夫が行われています。

　また、園庭がない施設では、室内遊びだけの環境になりがちです。そうしたなかで、親子が外遊びも楽しめるような工夫も大きな課題といえます。近所の公園などに出向いての活動や、冒険遊び場など外遊びの団体との連携も、一つのアプローチとして考えられるでしょう。

> **3）子どもが様々な人たちとかかわる機会をつくりだす**
> 　普段は親子で過ごすことが多い幼い子どもたちにとって、他の親子や地域の人たちとかかわりあう機会をつくりだすことは、子どもの情操や社会性を豊かに育むために大切です。また同時に、子どもにとって充実した時間を過ごせることは親にとっても喜びであり、子どものために地域子育て支援拠点を継続的に利用することにもつながります。

　たとえば、サザエさんの時代、タラちゃんは母親であるサザエさんだけとのかかわりでなく、大家族のなかでのたくさんの家族とのかかわり、たくさんの地域の知り合いとのかかわりのなかで育っています。現代は核家族が多く、限られた大人とのかかわりが中心になりがちですが、本来、子どもは小さいころからたくさんの子どもや大人たちとかかわることで、健全な育ちが保障されてきたのです。

　したがって、地域子育て支援拠点には、幼い子どもにとってさまざまな人々との出会いの場になることが期待されます。そのなかでも、まずは同年代、異年齢の子どもとのかかわりがあげられます。子どもは、赤ちゃんであっても、子ども同士でのかかわりが大好きです。子どもは、ほかの子どもがおもしろそ

うにやっている遊びを見て興味をもち、自分でも実際にやってみます。「学び」の語源は「まねび」ともいわれるように、遊びを通して他者をまねることが、とても重要な学び方であると考えられています。ですから、子どもが自分の世界を広げていくうえで、こうした子ども同士のかかわりあいが大きな刺激となっていくのです。

　また、子ども同士のかかわりによって、人とのかかわり方（コミュニケーション力）も培われていきます。友だちと一緒に遊ぶことを通して、他者とのコミュニケーションのとり方やその大切さを学んだり、物の取りあいやけんかを通して、他者の存在やその気持ちを知ったり、他者と折りあうことを少しずつ学んでいくのです。

　さらに、大人とのかかわりも重要です。母子関係が強調されがちですが、最近では、親以外の大人にかかわることの大切さも言われています。ほかの子の親とかかわったり、若者世代や中高年世代など、世代の違う人たちとのかかわりも、子どもの発達を促す要素となり得るのです。

4）子どもの自発的な遊びや他者とのかかわりを大切にする

　子どもが安全に過ごせるように親に注意を促すことは必要ですが、常に "目を離さないように" と求めることによって、子ども同士の関係性に親が過剰に介入することも起ってきます。また、個々の子どもの自発的な遊びよりも、支援者によって決められたプログラムが優先される場合には、せっかく芽生えてきた自発性が委縮してしまう場合もあるでしょう。したがって、地域のボランティアの協力を得ながら、親の保護を離れて子ども同士で安全に遊ぶことができるように見守ったり、親以外の大人とかかわりあう時間をつくることは大切です。

　現代は子どもの安全や安心が強調されます。たしかに大切なことではありますが、それに伴って子どもの事故やけがなどに伴う責任問題が大きくクローズアップされます。そうなると、問題が生じないようにするためには、「してはいけない」ことのルールをたくさん設け、その責任は親にあるのだからと「子どもから目を離さないようにしっかりと見ていること」を強いるようになります。

　すると、とても元気なタイプの子どもの親は、ほかの子とのあいだに物の取りあいが起こったり、手を出したりしないように、離れずにくっつきまわるこ

とや、なるべく友だちとかかわらないような働きかけをしなければならなくなります。こうした状態が続けば、親子のストレスは大きくなり、地域子育て支援拠点ですごすことが苦痛になってくるでしょう。これでは、本末転倒の結果といえます。

　決して簡単なことではありませんが、こうした子どもとその親が、あるていど、自然体ですごせるような、ルールでしばるのではない工夫を考えていくことが、支援者には求められているのです。

　また、地域子育て支援拠点の活動にはさまざまなスタイルがあり、一斉に行うプログラムがあまりない場合と、そうした活動が多い場合があります。一斉活動のプログラムが多いと、子どもはゆっくりと自分のペースで遊ぶことができなくなりがちです。さらに、子どもがその活動に参加しようとしない場合、その子の親はみんなと一緒に同じ活動をすることを過剰に求め、参加しないわが子の姿に苛立ち、その感情を子どもにぶつけるようになる傾向もあります。そればかりか、そのことが負担となり、拠点には足を運ばなくなるということも起りえるでしょう。なかなか適応できないタイプの子とその親にとってこそ、こうした支援の場が大切なのですが、こうした場から遠ざかる結果を招いてしまうこともあるのです。そのため、決められたプログラムが中心の場合、何らかの工夫や見直しが求められます。

　親子にとって自発的でゆったりとした場を保障するためには、手厚い体制が求められるでしょう。その一つのアプローチとして、地域のボランティアの協力を得ることがあげられます。輪から外れてしまう子に対しても、親だけがべったりくっついてかかわるのではなく、ボランティアがかかわることによって、ゆっくりとその子のペースにつきあうことができることもあるのです。子ども同士のちょっとしたトラブルも親が傍にくっついているならば、親もピリピリしがちですが、第三者であるボランティアやスタッフがそこに入ることによって、問題にならずに解決することも少なくないのです。子どもの自発的な遊びやそのペースを保障するうえでも、ボランティアの役割の大きさがあげられます[6, 7]。

（大豆生田啓友）

6：山田敏『遊びと教育』明治図書，1994.
7：大豆生田啓友『支え合い、育ち合いの子育て支援——保育所・幼稚園・ひろば型支援施設における子育て支援実践論——』関東学院大学出版会，2006.

05 親との関係性

利用者は個別の相談援助だけでなく、“日常的な話し相手”というような対等な関係を求めている。ただし、支援者はその立場ゆえに、ともすれば親を「子育てについて未熟な人」と見なし、指導的な役割に傾斜する傾向があることを自覚しなくてはならない。支援者は日頃から個々の利用者理解に努めるとともに、相互理解を通して信頼関係の構築を目指すこと。

1）普段からのかかわりを大切にする

支援者はできる限り利用者集団の中に身を置き、親子とかかわる時間を設けることが大切です。支援者のほうから、何気ない日常的な会話を通して対等な関係をつくりだすことが、相互の信頼感を深めるための重要な手段となります。

どのような行動や感情的反応を示す利用者親子であっても、親としての潜在的な力、あるいは子どものなかにある成長する力を支援者が信じることが基本になります。とりわけ親の力を信じる姿勢を示すことは、信頼関係をつくりだすきっかけになります。また、支援者が利用者を受け止められるようになるにつれ、利用者も自分自身を受け止められるように変化し、自己受容が促される場合があります。

2）手助けを求められる関係性

地域子育て支援拠点には、「話し相手がほしい」「子育ての仲間をつくりたい」「子どもの友達を見つけたい」など、様々なニーズを持った人たちが訪れます。したがって、利用者がいつでも支援者に手助けを求めることができるように、水平・対等な関係を築くことが大切です。また、子育ての悩みや不安を親が一人で抱え込まないように、それらを気兼ねなく相談できる関係を築くことも重要です。親にとって身近に感じられる支援者の存在は、子どもの虐待やネグレクトなどの問題を未然に防ぐ「第一次予防（発生予防）」の働きを担う場合があります。

支援者と利用者では立場が異なりますが、水平・対等な関係を築くことはできます。保健師、保育士などの専門性は、支援者自身が意識していなくても、現に問題を抱え防衛が高い利用者ほど、「権威」として圧迫感を感じさせる場合もあります。だからこそ、利用者と日常的にかかわり、「親しみやすさ」を示していくことが必要です。それは表面的なものではなく、利用者一人ひとりの「存在」を大切にし、かかわっていくことを意味しています。支援者は、利用者から「この人なら自分の悩みを打ち明けた時に、頭ごなしに否定したり非難することなく、手を差し伸べてくれる」と思ってもらえるかが重要です。このような信頼関係に基づき、利用者が子育てや家庭生活に関するストレスを蓄積しないように支援することが、虐待などの問題の予防や早期支援の観点から必要とされています。

3）生活の背景を理解する

　利用者が地域子育て支援拠点で過ごす時間は、親子の生活の一部に過ぎません。活動の中では明るくふるまっている利用者でも、家庭に帰ると異なる様子で過ごしている場合もあります。支援者には、利用者との日常的な会話や態度などの様子を通して、家庭での子育てや日常生活の状況についての情報を得て、個々の生活背景の理解に努めることが求められます。

　地域子育て支援拠点の利用者は、おもに３歳未満の子どもと母親が中心です。しかし、それぞれの親子が拠点を利用する理由はさまざまです。また経済状態、家族関係、地域との関係も個々の家庭によって異なります。

　ソーシャルワークや心理学による支援では、アセスメント（事前評価）が重視されます。これは、支援に際して利用者の心理状態、問題状況、ニーズなどを把握する作業です。これらをふまえなければ、利用者の生活実態に沿った支援を行うことはできません。

　地域子育て支援拠点は相談機関ではないので、出会った日から利用者が家庭生活の詳細を話してくれることは少ないでしょう。しかし、信頼関係が築かれるにつれ、日常的な会話のなかに利用者の生活背景が織り込まれるようになります。このようにして個々の利用者の背景を理解することが、相談や助言を求められたときに生かされるのです。

4) 自己覚知に努める

　支援者は専門的観点から、あるいは自身の子育て経験に基づいて利用者を見るために、親の未熟な面を見出し、指導的にかかわる場合があることを自覚しなくてはなりません。指導的な関係は、ときには利用者の過度な依存をもたらしたり、親としての不全感を高めてしまう可能性があります。したがって支援者は、日頃から自身の考え方やふるまいを意識的に見つめ直し、支援者としての自分への気づきを深めることが大切です。

　自己覚知とは、「援助者が自己の価値観や感情などについて理解しておくこと」[8] です。支援者は、自分の立場、個人としての価値観、感情の表し方、得意なことと苦手なことを、日ごろの実践の振り返りを通して自覚しておくことが大切です。

　たとえば、地域子育て支援拠点での働きのなかで、つい感情的になってしまったり、避けてしまう、または、かかわりが多くなってしまう利用者や出来事など、自分の傾向を省察するとともに、それらについて他のスタッフに客観的な視点から指摘してもらうことも必要です。自分だけですべての利用者に対応できるということはありません。スタッフ間で、たがいの長所や短所を理解しあい、補いあいながらすべての利用者がすごしやすく、支えあえる拠点づくりを目指したいものです。

（渡辺顕一郎）

8：空閑浩人「自己覚知」山縣文治, 柏女霊峰『社会福祉用語辞典』ミネルヴァ書房, 2005.

06 受容と自己決定

> 「受容」「自己決定」については最大限に尊重されなければならない。利用者から相談を求められたときには、十分に話を聞くことによって悩みを理解し、その軽減や解決のために必要な情報を提供したり、選択肢をともに考えることを通して、自己決定を促すように努めること。

　受容や自己決定の尊重は、対人援助専門職に共通して求められる基本的な態度です。

1）受容と共感的態度
　利用者が相談を求めてきたときには、話に耳を傾けて胸の内にある気持ちを自由に表現できるようにし、受容的・共感的態度で接することが基本です。たとえ特別なアドバイスがなくても、不安、焦り、悲しみなどの負の感情を含めて、自分の気持ちや悩みを分かちあってくれる人を得るだけで支えになる場合があります。

　支援者が受け止める対象は、「健康さと弱さ、可能性と限界、好感のもてる態度ともてない態度、肯定的感情と否定的感情、受け止められるふるまいと受けとめかねる行動など」のありのままの姿です[9]。
　たとえば、地域子育て支援拠点では、携帯メールばかりしていて、子どもには少しも目を向けないという利用者などは受け止めにくい対象かもしれません。しかし、もしかするとこの利用者は、人見知りが強いだけなのかもしれません。あるいは、子育てに自信がなく支援者に注意されるのではないかと心配していたり、本当は拠点のような場所が苦手だけど、子どものために頑張って来ているのかもしれません。支援者には、自身の好みや価値観を基準として、あるいは表面的な言動で利用者を評価するのではなく、利用者が表現する行動や言葉をきっかけとしてその人を理解しようとすることが求められます。そのような態度で接することが、受容や共感的理解につながります。

9：特にF.P.バイスティックによって「ケースワーク」における援助関係を形成する7原則に位置づけられた。

2）利用者に寄り添い、ともに考える

　支援者は利用者の悩みに寄り添い、その軽減や解決に向けた方法をともに考えることが大切です。そのためには、支援者の指示や判断を示すことよりも、むしろ親や子どもの力を信じ、最大限に引き出すことが求められます。支援者に支えられながらも、最終的に利用者自身が導き出した意思決定を尊重することは、成長を促す重要な機会になります。

　自己決定の尊重とは、人は生まれながらに自己決定を行う能力と権利を備えているという考え方に支えられる行為です。不安を抱え判断に迷っている利用者に、無理に意思決定をせまることではありません。

　地域子育て支援拠点では、相談のなかで利用者から「回答」を求められる場面によく遭遇し、利用者はすぐに答えをほしがるという印象をもってしまうこともあります。では、人が他者に「回答」を求めたくなるのはどのようなときなのでしょうか。乳幼児を育てる親の場合、今まで体験したことがない子育て、家事などを一人でこなさなくてはならず混乱し、不安や戸惑いを感じる場合は少なくありません。自分の状態を落ち着いて考える余裕がない、自分の子育てに自信がない、日々新たな課題が降りかかり何から手をつけたらよいかわからない、子どもがどう育つのか見通しがもてないなど、さまざまな不安要素に直面します。そのようなときは、誰かに教えてもらいたくなるでしょう。

　支援者の役割としては、まずは利用者が話したい、聴いてほしいと感じている話にしっかりと耳を傾けることが大切です。話を聴いてもらいながら、利用者自身が子育ての課題に気づいていくこともあります。また、支援者が話を聴きながら、状況を一緒に整理することも大切です。利用者が活用できる資源をていねいに伝えることや、反社会的な行動でない限り、その人なりの選択や判断を支える姿勢も求められます。

　このように、利用者自身が意思決定を行えるように、利用者が葛藤しているプロセスに寄り添う支援が大切です。人間が成長する過程において必要な、葛藤することまでを肩代わりすることが、支援者の役割ではありません。

3）子どもの個性を尊重する

　乳幼児期の発達には個人差が認められる場合が多々あります。支援者には、乳幼児期の発達の道筋や順序性など一般的な特徴を理解しつつ

も、子どもの発達の様子をありのままに受けとめ、一人ひとりの発達の歩みに寄り添っていく姿勢が求められます。このように支援者が子どもの個性を尊重し、親とともに子どもの成長を見守っていくことが、親に対しても安心感を与えます。また支援者は、子どもが自発的に遊びを選択できるように環境を整え、子ども自身の興味や関心に共感的にかかわることも大切です。

　受容や共感的理解は、子どもを対象とした支援においても重要です。また、項目「02 基本的な考え方」で述べたように、地域子育て支援拠点の支援者は子どもの権利保障の観点から、障害の有無、国籍、民族等にかかわらず、来所したすべての子どもの存在を積極的に受け止める役割を担っています。

　たとえば、障害のある子どもが来所すると、発達的な特徴に着目することが多くなります。確かに、その子の有する特性を的確に把握することは大切です。また、子どもに対してより専門的な援助が行える機関を紹介することも重要です。

　ただし、地域子育て支援拠点の役割は、特別なニーズの有無にかかわらず、親子の地域生活の保障にあるのです。したがって支援者には、どの子どもの特性もしっかり把握し、その成長を親とともに喜ぶ姿勢が求められます。特に、障害がある子どもの場合は、成長がゆっくりであるために、親がその子の変化に気づきにくいこともあります。子どもの成長は、生活をともにする親だからこそ気づかない場合もあり、1週間に1度しか会えない支援者のほうが気づくこともあるのです。

　子どもの確かな成長、得意な活動を親と一緒にみつけて、成長の過程にある子どもの課題への対応も一緒に考える。これは、障害の有無に関係なく、子どもにかかわる支援者に求められる基本的な視点です。

（橋本真紀）

07 守秘義務

親・子どものプライバシーについては、話された情報や記録等の媒体の扱いに注意し、他者（利用者、専門職を含む）に公表する必要がある場合には、本人の了解を得ること。また、ボランティア等の地域の協力者とも個人情報の保護や情報管理、守秘義務についての共通理解やその範囲について統一の見解を共有すること。

1）地域子育て支援拠点事業における守秘義務

地域子育て支援拠点事業実施要綱には、以下のように守秘義務が規定されています。

事業に従事する者（学生等ボランティアを含む。）は、子育て親子への対応に十分配慮するとともに、その業務を行うに当たって知り得た個人情報について、業務遂行以外に用いてはならないこと。

不特定多数の利用者が訪れる地域子育て支援拠点では、記録等の保管・管理に加え、広報紙・通信やホームページ上での情報の扱いについても十分に配慮する必要があります。ただし、守秘義務の対象となる個人情報の範囲を厳密にとらえる余り日常会話の中でも絶えず気遣いをするようになると、支援者だけでなく、ボランティア等の協力者も活動しにくくなります。まずは本人の了解を得ることを基本とし、利用者、支援者、ボランティアを含めた関係性の中で守秘義務が要求される状況を想定し、最低限のルールを示すことが大切です。

拠点事業に課せられる守秘義務の範囲や規定は、個人情報の保護に関する法律（平成 15 年法律第 57 号、以下、「個人情報保護法」）に基づきます。本法律では、個人情報の適正な取得や、取得に際しての利用目的の通知、第三者提供の制限などについて定められています。利用者やボランティア等の個人にかかわる情報は、登録等の際に聴取することが多いでしょう。その際、地域子育て支援拠点を利用してもらうにあたって必要であること、外部に漏れることはないことを伝え、承諾を得たうえで個人情報を聴取します。聴取する内容に

ついては、親子が地域子育て支援拠点で安心してすごすことを支えるために必要であるかをよく吟味します。

さらに、個人情報を他の利用者等に伝えるにあたっては、結婚や妊娠などの好ましい情報であると考えられる場合であっても、原則的には他言しないことを意識しておきます。ときには、悩みではないけど、スタッフになら話せるという利用者もいるでしょう。相談ではないからと安易に話の内容を他の利用者に伝え、本人がそのことを知った場合、以後、安心して話せなくなるかもしれません。地域子育て支援拠点は、利用者同士、地域の人びとが出会い、つながる場所だからこそ、個人情報は安易に広がらないという安心感を提供することが求められます。何が個人情報なのかは、スタッフ間で確認し共有しておくことが重要です。

2）専門職との連携における配慮

子育ての悩みや不安を解決するために他の支援を活用することが妥当だと考えられる場合、その必要性を利用者に説明し、できる限り本人の了解を得てから専門職間で情報を共有することが重要です。

個人情報保護法では、「取得に際しての利用目的の通知等」（第21条）[10]、「第三者提供の制限」（第27条）[11] においても、「公衆衛生の向上又は児童の健全な育成の推進のために特に必要がある場合であって、本人の同意を得ることが困難であるとき」は除くとされています。

つまり、後述する虐待通告やその対応の情報交換はもちろんのこと、子どもの健全育成の推進においても本人の同意を得ることが困難な場合は、個人情報保護法の範囲では情報交換が認められることもあるのです。例えば、利用者支援事業のガイドラインでは、守秘義務を有する専門職同士の情報共有の必要性について述べられています。まずは、公共の事業を担う支援者として、関連する法律には一度目を通しておくことが大切です。その解釈をめぐっては、専門家の見解を得たうえで、スタッフ間、他の機関等と共有しておくことが必要です。

3）守秘義務が適用されない場合

「児童虐待の防止等に関する法律」の規定では、虐待を受けたと思わ

10：第21条（取得に際しての利用目的の通知等）「個人情報取扱事業者は、個人情報を取得した場合は、あらかじめその利用目的を公表している場合を除き、速やかに、その利用目的を、本人に通知し、又は公表しなければならない」
11：第27条（第三者提供の制限）「個人情報取扱事業者は、（中略）あらかじめ本人の同意を得ないで、個人データを第三者に提供してはならない」

れる子どもを発見した者は、児童相談所または福祉事務所に通告することとなっています。この場合、実施要綱における守秘義務規定も、また各専門職に課せられた守秘義務も適用されません。利用者への対応に迷う場合には、まずは児童相談所や福祉事務所の担当者と相談することが必要です。このような深刻なケースへの対応を想定し、普段から関係機関との連携を深めておくことも重要になります。

　児童虐待の通告については、基本的事項をスタッフ間で確認しておくことが求められます。児童相談所や福祉事務所に対しては、民生・児童委員を介して通告することも可能です。公的な相談機関よりも、民生・児童委員との関係のほうがつくりやすい場合は、地域子育て支援拠点のふだんの活動に、民生・児童委員に参加してもらうなどの関係づくりをすることが大切です。

　なお通告は、「親子分離への入り口ではなく、『児童相談所を含めた関係機関の支援の始まり』との認識を社会が持つ必要がある」[12]といわれています。通告では、そこから他の専門機関とともに親子を支えるという姿勢が大切であり、虐待対応における情報共有はそのための手段なのです。

（橋本真紀）

12：小林美智子「子どもをケアし親を支援する社会の構築に向けて」小林美智子、松本伊智朗編著『子ども虐待：介入と支援のはざまで──「ケアする社会」の構築に向けて──』明石書店，2007.

08 運営管理と活動の改善

> 　事故やけがの防止と対応、衛生管理等については一定の方針を明確にし、十分に配慮すること。併せて、運営管理面や活動のあり方については、定期的に利用者の意見を聞いたり、ボランティア等の協力者とともに話し合う場を設けて、常に支援者以外の評価に基づく改善の機会を確保すること。

1）運営管理面の方針を明確にする

　けがや事故の際の救急対応の方法、それらが起こらないような設備面での工夫や運営側の責任についての方針を明確にすることは重要です。ただし、過剰になりすぎると禁止事項ばかりが増えて、利用者にとって居心地のよくない場所になったり、親や子どもが自ら危険回避する力を奪ってしまったりする場合もあります。安全面と居心地のよさのバランスを図るためには、利用者の意見も聞きながら、運営管理面の方針を作成し、定期的に見直すことが大切です。

　運営管理は、英語では「アドミニストレーション」や「マネジメント」と表現されます。ここでは後者の視点で考えてみます。

　ドラッカーは、「マネジメントをその役割によって定義しなければならない」とし、役割を三つあげています。第一は、その組織の使命や目的を果たすこと。第二は、仕事や活動を通じて働く、かかわる人たちを生かすこと。第三は、社会の問題について関心をもち、貢献することです[13]。

　これにならい、地域子育て支援拠点事業のマネジメントを考えてみると、「しっかりとした理念をもちながら活動を進めること。また活動を通じて、スタッフや利用者のみならず地域の人たちも含めてその力を生かしていくこと。そして育児不安や虐待など社会の問題に対して真摯に向き合うこと」という言い換えができます。このように考えてみると、「管理」や「経営」といった言葉よりも、「マネジメント」という言葉のほうが、その役割のイメージがもちやすいのではないでしょうか。

　まず、このようなマネジメントを主として担う「マネージャー」を明確にしておくことが必要です。

13：P.F.ドラッカー『マネジメント〔エッセンシャル版〕──基本と原則──』ダイヤモンド社，2001.

しかし、団体や活動の状況により、ひろばの中で決まった一人を責任者にすることが難しい場合もあります。また、地域子育て支援拠点は「非定」型の事業であるため、地域の実情や行政の考え方により、運営方法が大きく違ったり、運営主体が多様であることも関係してきます。

さらに行政からの委託や補助で活動をする際には、団体の理念や方向性と行政による要綱や仕様との摺合せも必要になります。最近では、さまざまな機関との連携や協働も、大切な活動の一つとなっています。その際、だれがどう判断し、つながりをもっていくのか、意志の決定がどのように行われるのかなど、整理しなくてはならない多様な課題が生まれています。

加えて、「非定」型サービスであるというのは、地域の実情、利用者の意見をくみとりながら柔軟なサービスをつくりあげるためだと理解すべきです。

実際に、利用者の意見をとりいれながら運営方針をつくっていくというのは、なかなか手間のかかることです。しかし、見方を変えれば、上意下達、行政主導というスタイルを超え、市民が参加し、ボトムアップで地域づくりに参画するというチャレンジが求められているともいえます。また、地域子育て支援拠点は、第2種社会福祉事業として苦情解決や第三者評価の責任を負いますが、ふだんから利用者の意見をくみとる機会があれば、苦情解決や評価の機会にもなり得るのです。

2016（平成28）年に改正された児童福祉法では、その第一条に、「児童の権利に関する条約の精神にのっとり」という文言が書き加えられました。日本では子どもの権利条約を批准して20年以上の時を経て、児童福祉法に反映されることとなりました。

それに合わせ、児童福祉に関連する事業においては、改めて子どもの権利を念頭に置いて考えられたものが提示されています。

また、2015年に国連サミットで採択された「持続可能な開発のための2030アジェンダ」に記載された国際目標が、SDGsとして、広く一般にも浸透してきています。17のゴール・169のターゲットから構成されたこの目標は「誰一人取り残さない（leave no one behind)」をテーマに、環境問題のみならず「教育」「平和」など、貧困や格差社会、虐待ゼロへの取り組みも掲げられています。

このような子どもの権利やSDGsは、誰かが取り組んでくれるというものではなく、私たち一人ひとりが当事者であり、推進者であるといえます。

運営管理の方針を考えるにあたり、「子どもの権利」「SDGs」をキーワードに今一度見直してみてはいかがでしょうか。

2）ともに運営や活動を見直し改善する機会を設ける

　災害時の安全確保や避難方法などについては、利用者やボランティアとも話し合い、お互いの協力のもとに定期的な避難訓練などを実施することが大切です。また、運営管理面だけでなく、支援者の対応や活動内容に関しても、利用者やボランティアの意見を聴く機会を設けて、日頃から支援の向上に努めることが重要です。

　災害対策における施設の役割には多様なものがあります。まず、物理的な環境として安全対策を施すことは基本的なことです。さらに法定の基準を満たしているといった観点だけでなく、積極的に安全環境を整えていく必要があります。また地域子育て支援拠点事業においては、基本的に保護者と子どもたちが一緒にすごすという特性があります。そうした特性をふまえて運営側が、避難訓練や消火、誘導の訓練など組み立てていく必要があります。なにより、保護者が一緒にいるという利点を最大限に生かし、利用者とともに対策を考え、災害対策の計画を再構築してくことも地域子育て支援拠点事業ならではの取り組みとなります。防災、防犯は、地域とのつながりが重要とされていますが、地域のボランティアや、町内会、商店街をはじめとする地域住民との連携、協力は、大きな安心感をもたらします。日頃から、地域子育て支援拠点事業においては、地域とのつながりを意識しながら活動を進めていることと思いますが、防災、防犯といった観点から新たな地域とのつながりが生まれることもあります。

　また、防災、防犯といった運営管理面のみならず、日常的な活動内容についても、ともに拠点をつくっていくという意識で、一緒に考えあう機会を設けることも大切です。

　また、支援者の対応として、現在では、サービスの提供に対する意見を利用者からの要望、苦情という形で受け付け、第三者委員を設けているひろばもあるかもしれません。そうした仕組みそのものはとても大切なことであり、できるだけ整備を進めていくことが望ましいといえますが、併せて、ここでも利用者とともに活動をつくっていくことが重要になります。

　たとえば、「あの親は、友だちとおしゃべりばかりして、自分の子どもをまったく見ていない。スタッフはなぜ注意をしないのか？」といった苦情が入ったとします。

　さて、皆さんならどのように考えるでしょうか？　「お子さんから目を離さ

第3章　地域子育て支援拠点

ずにおすごしください」といったルールを設けているところもあるでしょう。反対に「スタッフがきちんとみていきましょう」と取り決めているところもあるかもしれません。このときに重要なのは、ルールや管理を徹底していくことでしょうか？ それとも利用者（親子）の多様なニーズ（気持ち）や行動の背景に目を向けていくことでしょうか？ この事例ではだれの気持ちを重視してくみとるかで対応が変わってきます。もちろん子どもが大きな怪我をしないように親や支援者が目配りをしなければ、安心して拠点に来られなくなってしまう利用者がいるかもしれません。しかしながら、親同士の交流（おしゃべり）も大切な目的の一つだと思いますし、子どもたちのさまざまな活動を保障することも大事です。

　どういう対応をすればよかったのかは、それぞれの場面や状況により異なります。常にたった一つの正解があるわけではありません。むしろ、こうした事例についてていねいにスタッフ間で話しあい、自分たちの動きについて方向性がきちんと共有される必要があります。

　そして、大なり小なり、さまざまな場面で多様な利用者と交わりをもち、さまざまな立場の意見に耳を傾けていくことが大切です。多くのひろばでは、運営側がルールを定めていることと思います。行政上のルールや、建物管理の観点からのルールなど、なかなか見直しや代替案が難しいルールもあるかもしれません。そうした多くのルールのなかから、一つでも二つでも、利用者やボランティアとともにつくりあげる内容があってもよいのではないでしょうか。利用者やボランティアの主体性が課題となることも多いですが、そのような取り組みを通して、主体性が高まるきっかけになる場合もあります。

3）継続的に業務改善に取り組む

　運営管理や活動内容等については、年に1回はその成果を総括し、次に取り組むべき課題を見出すなどの点検作業を通して、継続的な業務改善に努めることが大切です。なお、社会福祉分野においては、「PDCAサイクル」に基づく事業評価や業務改善の手法が注目されるようになっています[14]。この場合、支援者側の自己評価にとどまらず、利用者に直接意見を聴いたりアンケートを行うなど、利用者側の視点に立って評価・改善に取り組むことが求められます。また、支援者でも利用者でもない公正・中立な立場の専門家などによる「第三者評価」も求められるようになっています。

14：PDCAサイクルとは、Plan（計画）→ Do（実行）→ Check（評価）→ Act（改善）のステップを繰り返すことにより、継続的に業務改善に取り組む手法。

元々 PDCA サイクルは、生産活動や品質管理向上のために考えられた手法でした。一方、社会福祉の分野では、物を作るという分野と異なり、事業活動の評価に関しては、定量的な側面（たとえば、利用者数など）は見えやすいですが、内容の質といったものは数値化がし難く、評価が難しいとされてきました。そのようななか、福祉の分野に多様な属性の団体がかかわることが増えてきたり、業務委託、指定管理者制度といった形態のひろがりとともに、評価の尺度や手法を改めて整えていく必要が生じてきました。第三者評価もその流れの一つですが、評価のなかでは業務を改善する手法に取り組むことは必須となり、その手法の代表的なものが PDCA サイクルになります。

　PDCA サイクルは、その期間をどのように設定するかという点が重要になってきます。基本的にはどのような活動においても、年間計画と年間の総括（反省や評価などの振り返り）がされていることと思います。1 年間という単位は、行政と関わる中での単位としての意味合いが多くあります。それは、委託や補助といった契約に関わる単位だからです。しかしながら、1 年間が終了し、そこで改善を行ったとしても、恩恵を受けられるのは翌年の利用者です。ですから、PDCA サイクルは、半年ごと、期ごと、月ごと、日ごと、などさまざまな範囲で考えていく必要があります。大きな制度や仕組みは、そう頻繁に変更できるものではありませんし、反対に日常的な課題について、1 年間待つ必要はなく、即改善できるといったものがあると思います。実行し、評価するなかで、改善の優先度も検討していく必要があります。

　たとえば、利用者の声を聴くということ一つとってみても、大がかりな利用者アンケートは年に 1 回実施する。時折、利用者懇談会を実施する。利用者の声を受け付ける、意見箱やメール、SNS の利用など、さまざまな段階が想定されます。それぞれの事業活動の規模や地域、利用者の特性を踏まえて、適宜実施をしていくとよいでしょう。

　また、PDCA サイクルは、C の項目 Check（評価）について、Study（学習）とする考え方もあります。改善すべき項目について、より深く調査したり、とらえ直しをしたり、研修をしたりすることによって、改善へつながるというものです。研修については項目「09　職員同士の連携と研修の機会」でとりあげますので、そちらを参照してください。

4）記録を適切に作成する
　日々の支援に関しては、個別に相談に応じたケースの記録だけでなく、日報や活動記録などを作成し、支援の検証や改善につなげていくこ

とが大切です。

　前項の PDCA サイクルを実施する場合、記録は重要な資料となります。団体の規模などにもよりますが、日々の出来事を、すべての職員、スタッフが共有するということは、なかなか大変なことです。

　今日あった出来事を明日へ引き継ぐというのは、わずかなことのようですが、そうした積み重ねが業務の改善につながります。各行政や団体により、記録の書式はさまざまかと思いますが、起きた出来事、気がついたこと、確認しあったことなどを必ず記録化していくようにしましょう。

　マネージャー（管理運営責任者）はすべての時間帯について、拠点の様子を見ていられる環境にあるとは限りません。日報やその他施設日誌、業務日誌など、日々積み重ねられる記録に目を通し、できるだけその記録に呼応をしていくことが必要です。書き手は、義務として書くことは必要とわかっていても、マンネリ化したり、形骸化してしまう場合があります。読んでもらえる、そこに返答やコメントがある、といったことが、やる気や振り返る力の高まりにつながりますので、地道に続けていくことが必要です。

　また行政からの委託などによる事業の場合は、事業実施の根拠ともなりますので、欠かさずに記録を作成する必要があります。地域子育て支援拠点事業は、第 2 種社会福祉事業として、公的に位置づけられたものです。公的なお金が投入されるという点だけでなく、運営実施については社会的な責任を伴いますので、充分留意してください。

　昨今では、個人情報保護の流れと共に、情報公開の制度が活用されることも多くなってきています。本人からの申請があれば、相談の記録も公開をすることになります。記入にあたっては、そうした点も念頭に置き、適切な表現方法を常に意識して記入しましょう。

（新澤拓治）

09 職員同士の連携と研修の機会

> 　日頃から施設・団体内で職員間の連携を図り、必要な情報を共有し、支援に際しての方針や役割分担等について共通理解を得ること。また、研修や学習会などの機会を積極的に活用し、支援者としての専門性の向上にも努めること。

1）職員同士のチームワークを高める

　地域子育て支援拠点事業では、「一般型」は２名以上の専従職員を配置し、「連携型」では１名以上の専従職員に児童福祉施設等の職員が協力することが定められています。このように、複数の職員が活動する事業では、相互にチームワークの向上に努め、同一施設・団体として支援の質を高めることが求められます。

　支援の質を考える場合、個々人の知識やスキル（技術）が重視されがちですが、団体としての"質"についても着目する必要があります。たとえば、利用者からの要望や苦情を受けたとき、スタッフ全員が知っておくべき内容だったにもかかわらず、団体のなかでの伝え忘れや、内容の受け止め方がバラバラだったりする場合もあります。団体側としては、たまたまミーティングに欠席したスタッフがいた、内容として自分たちの理念から離れてしまい受け入れがたいムードがあった、などさまざまな事情が存在するかもしれません。しかしながら、その利用者にとっては、「自分の気持ちを受け止めてもらえなかった」「受け流されてしまった」といった気持ちをもってしまうこともあります。

　反対に、情報がすべて筒抜けになっている、といったことで不信感をもたれる場合もあります。関係機関との情報共有においては、個人情報について注意をすると思いますが、拠点内ではどのように配慮をしているでしょうか。特に相談にかかわるときなどは「この内容はスタッフ間で共有させてもらってよいか？」といった確認をとることも必要な場合があります。そうしたなかでは、常勤、非常勤、ボランティアスタッフなど、だれにどこまで、どのくらいのレベルで情報共有をすべきなのか？といった課題が生まれます。単なる秘密主義にしてしまうと、拠点のなかで、だれかれかまわず、同じような質問を何度もしてしまったりすることがあります。特に配慮が必要なご家庭に対しては、事

情を共有することよりも、具体的な配慮の方法（たとえば：「＊＊の件についてはスタッフのＡさんを中心に話をしていく」など）を共有し、その家庭が安心して拠点を利用できるように配慮をしていきましょう。そうした対応は、個々人への評価だけでなく、施設・団体への評価につながっていきます。

　地域子育て支援拠点では、ボランティアを含め多様な協力者が存在するよさがある反面、ポジションが違う人が複数存在することで、連携や意思の統一について課題がある場合が見受けられます。施設・団体の特性をよく理解し、自分たちにあったしくみや方法を考えていく必要があります。

2）ミーティングやケース会議の機会を設ける

　週１回程度、短時間でも職員間のミーティングの場を持つことで、相互に利用者理解を深め、活動のあり方を全員で見直すことが重要です。また、必要に応じてケース会議を行うことで、特定の支援者がケースを抱え込むことを避けたり、職員間で協力して支援を行うことも大切です。

　可能であれば、開始前のミーティングとともに活動を振り返るミーティングは短時間でも毎日行い、そこで積み上がった課題を定期的な会議で話しあったり、個々の親子についてのケース会議も定期的、もしくは適時行うのが望ましいと考えます。とくにケースを検討する場合には、特定の支援者による利用者の理解が、断片的にしかとらえきれていないことがよくあります。また、先述の「自己覚知」に関して述べたように、支援者自身の価値観や感情に左右されて親子を見ている場合もあります。

　具体的な対応について考える前に、その親子をよく理解するという観点からも、複数の支援者の視点から親子を見ることが重要です。さまざまな課題への対応では、一気に解決できる"魔法のような"方法が存在するわけではありません。目の前にいる親子をしっかりと受け止め、理解をしていくところから支援はスタートします。

3）研修の機会を活用する

　支援者としての資質を高めるためには、施設内での職員同士の研修だけでなく、外部の研修に積極的に参加することで視野を広げ、利用者へ

のかかわり方や活動内容を客観的に見つめ直す機会を得ることが不可欠です。

　研修は OJT[15]・OFF-JT[16]・SDS[17] といった三つの分野に分けて考えられることが多いですが、それぞれがバランスよく行えることが理想的です。子育て支援の分野においては、子どもの発達や福祉だけでなく、心理、医療といった面についてもある程度の知識が必要になってくるなど、幅広い研修内容が求められます。したがって、地域子育て支援拠点を訪れる親子の特徴や課題に合わせて、それぞれに研修の計画、体系をつくっていく必要があります。

　施設内に講師を招いての研修、あるいは施設外の研修機会を活用するなど、その形態はさまざまです。業務が多忙であり、スタッフ全員が研修に参加できない場合は、交替で研修に参加し、学んだ内容をミーティングで他のスタッフと共有するなどの機会を設けることが大事です。また、管理者や特定のスタッフがいつも研修に参加するのではなく、全員に対して機会を保障するようにも配慮しましょう。日々の業務に滞りが生じるのは問題ですが、必要な研修であれば年に数日は休業日を設けてでも研修の機会を保障することが、スタッフ全員の資質向上につながり、利用者にとっても利益をもたらします。

　もちろん、行政との取り決めで、そのような形はとれないこともあるかもしれません。以前と比べ地域子育て支援にかかわる研修も選べる幅が広がってきました。増えてきた拠点に向けて、行政側が研修を組み立てる場合も多く見受けられますし、運営団体同士での話し合いや、連絡会など、さまざまな形での学びの場面も増えてきています。研修の機会については、行政や地域の運営団体とともに考え、一緒につくっていく姿勢も必要です。

4）支援者を支援する

　特定のケースへの対応に関して、施設内の職員関係や、支援者自身の抱える問題などが影響を及ぼすことがあります。このような場合、支援者自身の成長を助けるために、職員（同僚）同士で話し合いの機会を持ったり、外部の専門家などにアドバイスを受ける機会を設けることが必要になります。

　外部の専門職や研究者のアドバイスの機会ということでは、スーパーバイ

15：On the Job Training の略。仕事を行いながらそのなかで学び、覚えていくということ。
16：Off the Job Training の略。仕事を離れて受ける研修のこと。
17：Self Development System の略。個人が必要とする知識や技能を自ら進んで学ぶこと。

ザーが欲しいという話をよく耳にします。一般的に、スーパービジョンについては、①管理的機能、②教育的機能、③支持的機能があるとされています[18]。本来、これらの三つの機能はまず組織の内部にしっかりと位置づけていく必要があります。

　たとえば、利用者から難しい相談があったとします。支援者は親身になり、助けてあげたいという思いからケースにのめりこんでしまう場合や、反対に無力感、燃え尽き感をもってしまうこともあります。そうしたときには、一人で抱え込まないことの大切さや、頑張っていることに対して評価するなど、管理的、支持的な機能が重要になってきます。マネージャー（管理運営責任者）がその役を担えればよいですが、マネージャー自身の専門性や職務経歴などにより、すべての領域においてスーパーバイズができるとは限りません。マネージャー自身が学習しその能力を身につけていくことも必要ですが、まずは、三つの機能のうち、支持的な機能から取り組むなど、できるところから始めましょう。そして足りない部分については、外部の力に頼りましょう。そのためにも、日頃から専門家や研究者とのつながりを意識しておくことが大切です。そのようなつながりがまったくない、近くに適任者がいないといったことも聞きますが、研修会などで出会った講師や、さまざまな関係機関や行政関係のなかにも適任者が必ずいるはずです。積極的に声をかけてつながりを広げることも大切です。

　ただし、日常的に起こっている事柄で、一つひとつ外部のアドバイスを待っているわけにもいきません。しかし、先述のケース会議の機会があれば、他のスタッフに相談ができます。あるいはスタッフ同士でのピア・スーパービジョンも有効な手段の一つです。単に話し合いというだけでなく、三つの機能について意識しながら相互に助けあうことが重要になってきます。

　また、太田らは、外部の専門職・研究者のアドバイス（コンサルテーション）と同様に、子育て支援センター同士のつながりや地域の人とのつながりのなかで支えられ、支援者が元気づけられる面があると述べています[19]。特に、保育所に併設された地域子育て支援拠点では、保育所という本体施設と比べて担当者が少なく、組織内で孤立してしまう場合もあるため、少ない担当者同士での横のつながりが支えになるのだと思います。これからは、一般型・連携型といった枠にとらわれず、支援者同士のネットワークも充実させていく必要があります。各地域で連絡会が設けられたり、行政地区での集まりがある場合もあります。また各地域には要保護児童対策地域協議会が設置されていることと思います。参加の機会がある場合には、ネットワークを広げるためにも積極的に活用してください。

18：スーパーバイザーが、援助の内容や方法について、適切なアドバイスや支援を行うこと。
19：太田光洋『保育学研究』第46巻第2号、「専門家としての保育者集団の発達を支えるもの――地域子育て支援活動の取組みにみる保育者の相互支援――」、2008.

図 3-2　スーパービジョンの体制

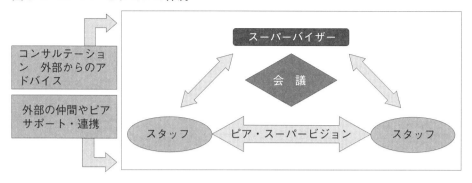

（新澤拓治）

平成29年度住友生命助成事業　子育てひろばエッセイ＆フォト　作品集より

孤独な暗闇のトンネルの向こうに

つどいの広場「このゆびとまれ」
どんぐり坊や（福岡県）

　私は、第二子長女を出産後、上の子の長男2歳がいわゆる赤ちゃん返りとイヤイヤ期で手に負えなくなり、頭を抱えていました。うわさには聞いていたけれど、想像以上で動揺しました。首が座っていない娘を放って、泣きじゃくる息子をおんぶ・抱っこする機会が増えました。また、里帰り中は室内遊びだったので、外遊びが大好きな息子は退屈なようでした。しかし、猛暑のなか小さい娘を連れて公園などの外出は困難でした。どうしたらいいか悩んでいると、ふと産院で貰った市内の子育て支援のパンフレットを思い出し、つどいの広場「このゆびとまれ」に行き相談してみようと決意しました。

　緊張しながら玄関の戸を開けてみるとスタッフの方が笑顔で挨拶し、迎えてくれ安心しました。息子は、絵本やおもちゃ遊び、お外遊び、夏はプール遊び等をするとすっかり赤ちゃん返りはなくなりました。たくさん一緒に遊ぶことで心と身体の不調はなくなったようでした。これで、子どもの問題は解決しました。

　今度は自分自身の問題です。二児のママとなり、育児を楽しみたい、笑顔で子どもと接したい気持ちの一方で、睡眠不足、家事が進まない、時間に追われ些細なことで苛立ってしまう、その苛立ちを子どもにぶつけてしまう、そんな怖いママになり自己嫌悪をするようになっていました。主人は家事や育児には協力的で助かることもありましたが、休日出勤や帰宅が遅いことも多く、子どもが起きてから寝るまで丸一日一人きりで子どもと向き合う時間が苦痛に感じることもありました。

　一体、他のママさん達はどの様にして育児を楽しんでいるのか？ストレスの対処、解消方法は何だろう？と思い、月に1回開催される、『子どもの暮らしと遊びの座談会』に参加しました。この時、私は先ほどの現状を告白しました。目頭と声が潤んでしまい、羞恥心がありましたが、次から次へと言葉が出てきました。ママさんからは「お互い辛いよね」「大変だよね」と共感の言葉があり、スタッフさんから育児は一人じゃない、色んな人に頼っていいんだよ、など沢山のアドバイスがありました。想いを伝えると心がすっと軽くなり、孤独な暗闇のトンネルから抜け出した気分でした。あの時、勇気を出して良かったです。今、私は心穏やかに子育てを楽しんで笑顔で過ごしています。

第**4**章

地域子育て支援拠点における課題

1. 在宅養育支援の仕組み

　2010（平成22）年9月より「子ども・子育て新システムの基本制度案要綱」について検討が開始され、2012（平成24）年8月に「子ども・子育て支援法」が制定されました。「子ども・子育て支援法」では、給付の仕組みも含めて子ども・子育て領域における新たな一元的システムが示されています。「子ども・子育て支援新制度」は、幼児教育、保育、地域の子ども・子育て支援を総合的に推進するとされ、地域子育て支援拠点事業は、「地域子ども・子育て支援事業」の13事業の一つに位置づけられました（第1章図1-5参照）。本項では、「子ども・子育て支援法」の方向性を踏まえながら、地域子育て支援拠点事業にかかわる課題を述べていきたいと思います。

表4-1　子ども・子育て関連3法（平成24年8月成立）の趣旨と主なポイント

◆3法の趣旨
自公民3党合意を踏まえ、保護者が子育てについての第一義的責任を有するという基本的認識の下に、幼児期の学校教育・保育、地域の子ども・子育て支援を総合的に推進
　＊子ども・子育て関連3法とは、①子ども・子育て支援法②認定こども園法の一部改正法③児童福祉法の一部改正等関係法律の整備法

◆主なポイント
①認定こども園、幼稚園、保育所を通じた共通の給付（「施設型給付」）及び小規模保育等への給付（「地域型保育給付」）の創設
　＊地域型保育給付は、都市部における待機児童解消とともに、子どもの数が減少傾向にある地域における保育機能の確保に対応
②認定こども園制度の改善（幼保連携型認定こども園の改善等）
　・幼保連携型認定こども園について、認可・指導監督の一本化、学校及び児童福祉施設としての法的位置づけ
　・認定こども園の財政措置を「施設型給付」に一本化
③地域の実情に応じた子ども・子育て支援（利用者支援、地域子育て支援拠点、放課後児童クラブなどの「地域子ども・子育て支援事業」）の充実

資料：子ども・子育て支援新制度について（内閣府子ども・子育て支援新制度施行準備室），平成26年10月.

❶未就園児をもつ養育家庭支援の領域的確立

　2011（平成23）年3月11日に起こった東日本大震災では、学校、幼稚園、保育所のように所属機関が制度に組み込まれている子どもや、制度が確立している高齢者への支援体制に比較して、未就園児とその養育者（在宅養育家庭）への支援体制が脆弱であることが明らかとなりました。たとえば、地域子

育て支援拠点事業や一時預かり事業などは、有事には国や都道府県、規模によっては市町村レベルで被災状況を把握することさえ困難を極めました。その結果、小さな子どもを抱えての避難にはさまざまな支障が生じるにもかかわらず、災害弱者として支援が受けられない状況が浮き彫りになったのです。

子ども・子育て支援法の基本的考え方には、「すべての子どもたちが尊重され、その育ちが等しく確実に保障されることが必要」と明記されています。「すべての子ども」には、在宅で養育される子ども、施設で養育される子どもも含まれます。在宅養育家庭への支援が、保育所や幼稚園のように就学前に必要なサービス領域として確立され、制度に明確に組み込まれることによって、地域の関係が希薄であってもその存在は人々に認知されることとなります。認知されることにより、そこからかかわり、つながりが始まる、やがて未就園児の育ちが等しく確実に保障されるようになることも期待できるのです。

❷子どもと家庭の育ちを支えるコーディネート機能の必要性

1994（平成6）年のエンゼルプラン策定以降、在宅養育家庭を含む子育て支援サービスが、十分とはいえないまでもニーズに合わせて多様化し、かつ量的にも増加してきました。地域子育て支援拠点事業、一時預かり事業、ファミリー・サポート・センター事業、乳児家庭全戸訪問事業、養育支援訪問事業等がその代表的なサービスといえます。

在宅養育家庭を含めた子育て支援サービスの多様化と量的増大は、すべての家庭の子育てと子どもの育ちを支援するという子ども・子育て支援法の一つの方向性を牽引するものでした。さらに子ども・子育て支援法では、子ども・子育て支援の給付・サービスを、包括的・一元的に実施するとされています。地域子育て支援拠点事業は、一時預かり事業、乳児家庭全戸訪問事業等とともに、「地域子ども・子育て支援事業」に含まれ、市町村が地域のニーズ調査等に基づき実施するとされています。

しかし、それらのサービスが、必要とするすべての人々にとってつながりやすいか、利用しやすいかという問題は別にあります。サービスの種類や量が増えると、サービスの選択はより難しくなると予想されます。一時預かり、ファミリー・サポート・センター、民間のベビーシッターの利用、いずれがわが子と自分にとってより適切なサービスといえるのか。転居間もない家庭、初産の子どもを抱える家庭は、迷いも大きいことでしょう。そのようなとき、情報を一元化し、利用者とともに考えてくれるコーディネーターが配置されていれば、より適切なサービスを選択することができる可能性が大きくなります。こ

のような課題に対応するために子ども・子育て支援法第59条第1号には利用者支援事業が位置づけられました。

　また、加算事業として「地域支援」を担う地域子育て支援拠点事業にも同様の役割が求められています。乳幼児やその家庭は、これから地域社会で生きていく必要があり、かつ、そこでつくられた人や資源とその家庭との関係は、子どもが育つ環境になります。そのため子育て家庭には、自ら社会資源を探し、関係を調整していく力を養うことも求められます。したがって、利用者支援事業や地域子育て支援拠点事業には、子育て家庭が子どもと自分のために地域の資源を自らコーディネートする力の発揮を支えるような働きも求められます。同事業には、このような子育て家庭にふさわしい子どもと家庭の育ちを見通したコーディネートと、かつ地域を共有する高齢者や障害者等とともにあることを支えるコーディネートが必要となるのです。

❸制度に含まれない子育て支援への着目

　一方で、地域の子育て支援活動には、「子育てサークル」や「子育てネットワーク」など、当事者、当事者を支えようとする地域の人たちおよび専門職による、制度化されていない活動もあります。子育て支援が現在のように注目される前から、それらの活動によって子育ては支えられてきました。さらに、それよりずっと以前から、地域のなかでは近隣、当事者間による子育ての支え合いが行われていました。

　地域の人間関係が希薄化し、子育てを地域で支えられなくなってきたため、地域関係の再構築を担う地域子育て支援拠点事業が必要とされるようになり、「子ども・子育て支援新制度」の枠組みに位置づけられたことも事実です。しかし、日々の子育てにおいては、制度化されていないインフォーマルな支えも大切です。たとえば、バスの乗車時にベビーカーを乗せるのを手伝う、スーパーでよく会う赤ちゃん連れのお母さんに「おはようございます。かわいいですね」と話しかけるなど、町の雰囲気や実際の声かけが、親の気持ちを支えていることもあるのです。当事者活動や子育てを支える風土等は、たとえ子育て支援の制度化が進んでも、子どもの育ちや子育てを支える重要な要素であることには変わりありません。

　子ども・子育て支援法には、「子ども・子育て会議」の設置が記されています。地方にも、関係当事者が「子ども・子育て支援新制度」の運営に参画する仕組み（地方版子ども・子育て会議）を設けるよう努めることとされています。「子ども・子育て会議」は、基礎自治体の裁量が拡大されるにあたって、

計画時点からの住民参画や評価システムを設置し、計画、実施、評価のプロセスの透明性を確保しようとするものです。加えて「地方版子ども・子育て会議」には、制度として行われる子育て支援事業と、制度化されずに地域で行われるインフォーマルな取り組みを含む地域独自の活動、そのバランスを保ちつつ市町村全体で重層的に子どもや子育てを支えていく機能が期待されます。

（橋本真紀）

2. 多様な利用者への対応

❶多様な利用者への理解と支援

　地域子育て支援拠点では、創成期を経て、拠点での活動内容や地域の子育て家庭へのアウトリーチなど、さまざまな実践が重ねられてきました。こうして、親子が集う拠点において、それぞれのニーズに応じた支援のあり方を探ってきた現在、多様な利用者への対応が課題となっています。

　多くの拠点でみられる事例について考えてみましょう。ある親子が拠点の開設日は欠かさず来所し、開始時間から終了時間までをすごしています。「家に帰ってお昼寝をしたりゆっくり休んだりしたほうがよいのではないか」「子どもの生活リズムを大切にして拠点を利用してほしい」等の意見が支援者から出される場合があります。しかし、「多様な利用者がいる」「多様な事情を抱える家庭がある」という視点から考えてみると、親子の違った姿がみえてきますし、さまざまな支援のあり方が求められることがわかります。上記の事例で実際に親子の側にあった事情は、次のようなものでした。

①　深夜勤務の父親が、午前中から夕方にかけて自宅で仮眠をとっている。父親を起こさないように子どもと母親は拠点ですごしている。

②　疲労が重なるとつい子どもに手をあげてしまう母親。拠点ならば子どもも機嫌よく遊び、自分自身も穏やかな気持ちですごすことができるので、なるべく拠点に来て遊ぶようにしている。

③　アパートの階下に住む住人から、子どもがうるさいと苦情を言われる。できるだけ昼間は拠点ですごし、子どもには体を思い切り動かして遊ばせてやりたいと思い、毎日拠点を利用している。

　このような事情を抱える利用者に対し、支援者が「お子さんのために、早めに帰宅してゆっくり休み、生活のリズムを整えてください」といった助言を行うだけでは、利用者を支えることにはなりません。支援者は、自分の価値観や

尺度にとらわれず、多様な利用者を支えるためにさまざまな視点から支援の可能性を模索することが肝要です。

❷障害児家庭への支援

1) 障害児とその家庭

　先天性の障害など、すでにわが子の障害を認識している利用者が、専門機関との連携のもと地域子育て支援拠点を利用する場合があります。一方で、障害の疑いがあるといわれつつも診断が未確定であり、親自身が子どもの発達に不安や育てにくさを感じている場合などもあります。

　地域子育て支援拠点を利用する子どもたちのなかには、多動で落ち着きがない、こだわりが強い、かんしゃくを起こすことが多い、視線が合わずコミュニケーションがうまくいかないといった子どもも少なくありません。支援者には、その子に応じた配慮や子ども同士のかかわりへの援助、他の利用者との友好的な関係性づくりへの配慮が求められます。

　また、わが子の育てにくさを感じている親は、子育てに関する成功体験が少ないために自信や意欲が失われていたり、ほかの子とわが子を比較して不安感や焦燥感を抱いていたりすることも少なくありません。拠点を利用する際にわが子がトラブルを起こさないか、自分や子どもが支援者や他の利用者から受け入れてもらえるかといった不安や緊張感をもつ保護者もいます。

　子育ての負担感や不安感を軽減することが拠点事業の大きな役割であることからも、そのような保護者が拠点を利用しやすくなるように配慮することが大切です。しかし、障害児支援を専門としない地域子育て支援拠点事業においては、拠点スタッフのみで対応することには限界があります。地域の連携に基づいて、障害児支援の専門職と地域子育て支援の実践者同士がそれぞれの専門性を生かしつつ、お互いにバックアップしあう体制が必要になります[1]。

2) 支援者に必要なのは診断ではなく受容

　「うちの子、ほかの子に比べて発達が遅れているような気がするのですが……」「言葉がまったく出ないので心配です」というような利用者の相談ごとに対して、地域子育て支援拠点の支援者が行うべきことは障害の見立てや診断ではありません。就園前の子どもに対し、障害の有無を判断したり病名をつけたりすることは、専門医でも難しいことだといわれています。また、利用者を元気づけようと「そんなに心配いらないと思いますよ」「うちの子が小さいときにも同じようなことで悩んだけれど、大きくなれば大丈夫よ」などといった

1：渡辺顕一郎『子ども家庭福祉の基本と実践──子育て支援・障害児支援・虐待予防を中心に』金子書房，2009.

対応をすることも好ましくありません。就学前健康診断の際に発達障害と診断された子どもの親から「発達に不安を抱えていたときに、気安く大丈夫だと言ってほしくなかった」と打ち明けられ、拠点のスタッフ皆で対応を見直したという事例もあります。

親がわが子を大切に思い子育てに悩むその気持ちを認め、「子どもの発達が心配である」「親としてどうしたらよいかわからない」といった心持ちに共感すること、そして、子どもの小さな変化や成長を見つけ、利用者とともに喜びあえることが支援者に求められているのです。

3）専門機関へのつなぎ方

支援者からみて専門機関への相談が必要だと思われる場合も、利用者と専門機関のつなぎ方には十分な配慮が求められます。利用者のなかには「もう少し時間が経てば他の子に追いつくかもしれない」「父親も幼いころは元気すぎて落ち着きがなかったというから、父親に似たのかもしれない」などと考えている人も少なくありません。また、自分自身では子どもの発達に不安を感じていても、支援者からそれを指摘されることで傷つく利用者もいます。ある支援者は、子どもの動きが激しく落ち着きがないことで悩んでいる利用者に「明日は保健師の個別相談日だから、ぜひ保健師さんに相談してくださいね」と声をかけたところ、その利用者は以後一度も拠点には姿をみせなくなったそうです。

支援者は、このような利用者の心情に配慮しながら、専門機関との連携を図る必要があります。利用者が気軽に参加できるように保健師や助産師を囲んでのおしゃべり会を開催する拠点もあります。また、専門機関のスタッフが拠点スタッフと一緒に親子との交流を図ることにより、利用者が専門機関のスタッフに気軽に話しかけられるような工夫をしている拠点もあります。利用者が必要とする場合に、信頼関係のもと、専門機関との連携が実施されるように心がけたいものです。図 4-1 は、乳幼児期の支援体制を図示したものです[2]。

乳幼児健診などから無理なく他の支援につながることができるように、子育て支援や発達支援の専門職がアウトリーチの取り組みをすることで双方向の支援体制が可能になるのです。

2：前掲書1に基づき一部変更した。

図 4-1　乳幼児期の支援体制

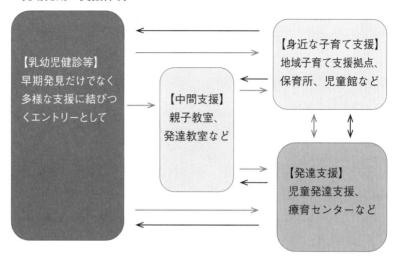

❸ひとり親家庭への支援

　家事や育児を分担したり子育てについて相談にのってくれる「もうひとりの親」が不在であることは、母子家庭でも父子家庭においても共通する負担になります。また、経済的な問題を抱えやすい傾向もあります。とりわけ母子家庭のなかには、仕事と子育ての両立がままならず転職を余儀なくされたり、正規雇用者として働くことができずパートやアルバイトを掛け持ちして生計を立てている人もいます。

　2020（令和 2）年 7 月に厚生労働省から発表された、「2019 年国民生活基礎調査の概況」における相対的貧困率[3]をみると、子どもがいる現役世代の世帯員の相対的貧困率は、2018（平成 30）年で 12.6%、そのうち「大人が 1 人」の世帯の相対的貧困率は 48.1% でした。2015（平成 27）年に比べそれぞれ 0.3 ポイント、2.7 ポイント減少しましたが、わが国は OECD 諸国のなかでも依然として高い水準であり、その改善が課題となっています。2015（平成 27）年には「すくすくサポート・プロジェクト」（ひとり親家庭・多子世帯等自立支援プロジェクト）が決定し、近年のひとり親支援施策としては、自治体の窓口のワンストップ化や生活・学習支援事業の創設等が実施されています。

　地域子育て支援拠点では、ひとり親家庭に向けたさまざまな支援についての情報が、必要としている親に確実に届くような配慮が必要です。また、雇用問題や養育費不払いへの対応などについても、多くのひとり親家庭が必要とする

3：相対的貧困率とは、等価可処分所得の貧困線（中央値の半分）に満たない世帯員の割合である。可処分所得とは、所得から所得税、住民税、社会保険料および固定資産税を差し引いたものをいう。また、保育サービスのような社会保障給付による現物給付が含まれていないことに注意する必要がある。

情報です。必ずしも支援の詳細について熟知している必要はありませんが、さまざまな支援についての情報源を知っていることや、他の支援機関に利用者をつなぐことは支援者として大切な役割です。

　利用者のなかには、配偶者のことについて支援者や他の利用者に触れられたくないとの思いから拠点の利用をためらう親や、離婚後に拠点から足が遠のく親も少なくありません。支援者はそのような親の気持ちに配慮するとともに、ひとりで家庭を支える負担感が軽減されるような親同士のピアサポートグループづくりや、子どもが親以外のさまざまな人とかかわりをもち、地域のなかで育つことができるような支援の拡充が求められています。

❹経済的困窮家庭

　『令和4年版少子化社会対策白書』によると、2017（平成29）年の所得分布を1997（平成9）年と比べると、20代、30代といった子育て世代の所得分布は、低所得層にシフトしています。特に30代では、1997（平成9）年には年収500〜699万円の雇用者の割合が最も多かったのですが、2017（平成29）年には300万円台の雇用者が最も多くなっています[4]。このような所得の伸び悩みや、若年者の完全失業率および非正規雇用割合が、近年低下しているものの全年齢計を上回る水準で推移していることなどから、近年の子育て世代には、経済的な不安定感を抱える家庭が決して少なくないことが推測されます。

　ある親が「子どもが楽しそうに遊んでいるのを見ても、自分は一緒に楽しむことができない」と支援者に話しかけてきた事例があります。支援者がていねいに聴きとっていったところ、夫の失業が原因で半年間の家賃滞納と多重債務があり、現在は住むところもままならない状況であることを相談されました。弁護士、司法書士による行政の無料相談があり多重債務の相談を受け付けていることや、求職中に利用できる公営住宅の申し込みなどについて情報提供し、担当者につないだとのことでした。支援者にとって、いつも子どもとお揃いのブランド服を着て来所していた利用者の外見からは、想像もつかない相談内容であったといいます。

　経済的困窮の問題は、家庭のあり方に大きな影響を与える要因の一つです。経済的困窮が引き金となりネグレクトが起こる事例も少なくありません。拠点において家庭に対し直接経済的支援を行うことは難しいですが、近年では、子ども服や育児用品のおさがり交換会を開催したり、ハンドメイド作品の展示・販売スペースを設けたりと、経済的負担の軽減や、子育てをしながら好きなこ

4：内閣府『令和4年版少子化社会対策白書』

とや得意なことが仕事につながるようなきっかけづくりに取り組む拠点もみられるようになりました。

　中には、在宅ワーク等を活用した多様な働き方を推進し、やりがいとワークライフバランスを確保するため、相談、仕事、交流、研修等の場を提供することを目的としたワークセンターが同一施設内に併設された拠点もあります。長野県飯綱町の子育て世代支援施設「みつどんのお家」には、子育て世代の多様な「はたらき」を応援する施設としてのワークセンター「iワーク」と、ワークセンター利用者のための一時預かり室、地域子育て支援拠点が併設されています。「iワーク」では、仕事場としての利用の他に、就職活動に向けた情報収集や就労に関連するセミナーを受講することもできます。拠点において多様な働き方への支援に取り組む自治体はまだ少ないですが、子育て世代の多様な働き方支援は家庭の経済的な安定につながるだけでなく、地域の活性化や仕事の創出、働き手の確保などへの効果も期待されます。さまざまな機関と連携し社会的な支援や資源をいかに活用して家庭を支えるか、地域子育て支援拠点の重要な課題だといえるでしょう。

❺若年層の親への支援

　10代、20代前半の若年層の親は、自身が青年期から成人期への成長途中にあります。若年であることが支援の必要性に直結するわけではありませんが、なかには社会経験が少なかったり経済的に不安定であったりする場合もあり、子育てに関する知識が十分ではないこともあります。このような点から、若年層の親をいかに支えるかは、地域子育て支援拠点において重要な課題の一つです。

　わが国では晩婚化・晩産化が進み、第1子出生時の母の平均年齢は、1975（昭和50）年では25.7歳でしたが、2019（令和元）年は30.7歳に達しています[5]。2020（令和2）年の出生数を母の年齢（5歳階級）別にみると、44歳以下の階級では前年より減少していますが、45〜49歳では増加しています[6]。そして19歳以下の階級の出生数は出生総数の約0.8％であり、若年層の親が占める比率は高くありません。そのため、10代、20代前半の親のなかには、「拠点に行っても年上の親ばかりで話が合わない」「若い自分は周囲から浮いてしまう」といった孤独感を抱える人も多く、同世代の仲間が欲しいという希望がかなわない場合もあります。

　地域子育て支援拠点においては若い親をママスタッフとして迎え入れ同年代の親が利用しやすいように工夫したり、ママサークルの活動を支援したりする

5：厚生労働省「令和3年度出生に関する統計の概況」
6：厚生労働省「令和2年（2020）人口動態統計（確定数）の概況」

取り組みが求められているのです。

❻父親支援

　2007（平成19）年には「仕事と生活の調和（ワーク・ライフ・バランス）憲章」が策定され、子育て世代の働き方の見直しが推進されてきました。積極的に育児を行う男性を示す「イクメン」という言葉が社会に定着し、父親の子育てを支えようという動きが活発化しています。

　しかし、『令和2年版男女共同参画白書』によると、6歳未満児をもつ男性の家事・育児時間の国際比較において、日本の男性の育児時間は1日83分と、他の先進国と比較すると低水準にとどまっています。また、2005（平成17）年以降、長時間労働者は、ほぼ減少傾向にありますが、子育て期にある30代、40代の男性の働き方をみると、2021（令和3）年でそれぞれ9.9％、10.4％が週60時間以上の就業となっており、他の年代に比べ高い水準であることに変わりありません[7]。また、2020（令和2）年の就業時間が週49時間以上の男性就業者の割合は21.5％で、他国と比較して高い割合となっています。子育て世代の男性の長時間労働が、育児時間の確保を困難にしている現実があるようです。

　大豆生田は、ワーク・ライフ・バランス社会の形成を進めることと並行して、現状のなかで父親が子育てにかかわることが楽しいと感じられるような社会をデザインしていくための取り組みとして、父親支援の取り組みが大きな脚光を浴びているとしています[8]。父親に対しては、子育てしやすい職場環境、社会環境を整える支援と同時に、子どもとともに身近な地域社会とつながっていくための支援が必要なのです。

　近年では、地域子育て支援拠点を利用する父親も徐々に増えつつあり、父親と子どもを対象としたおしゃべり会や、父親のための離乳食講座などを開催する拠点もみられます。

　拠点において父親支援を実施する際には、「父親だから力仕事やダイナミックな野外活動を」などと父親をひとくくりにして考えないことです。拠点には、さまざまな価値観や生活経験、趣味・特技をもつ母親がいるのと同様に、父親の個性もさまざまであることを忘れずに、それぞれの父親のニーズに応じた支援を心がけたいものです。

7：内閣府『令和4年版少子化社会対策白書』
8：大豆生田啓友・太田光洋・森上史朗編『よくわかる子育て支援・家族援助論』ミネルヴァ書房, 2008.

❼祖父母への支援

　近年では、孫と拠点を利用する祖父母の姿は珍しいものではありません。拠点においても、祖父母世代が経験した子育てと現代の育児文化の違いから、「今の子育ての方法がわからない」「よかれと思ってしたことがトラブルの原因になった」といった相談を受けることがあり、祖父母を対象とした孫育て講座を開催する拠点も多くみられます。NPO法人くすくすでは、平成22年度岐阜県委託事業として「孫育てガイドブック～孫でマゴマゴしたときに読む本～」を製作し、孫育て講座や地域に出向いての孫育てサロンを開催しています。講座の参加や拠点の利用をきっかけに、祖父母同士の「孫育て仲間」ができるなど交流も生まれています。

　親世代に比べ祖父母世代は子育て支援情報が届きにくく、困難を抱えていても相談先がわからなかったり、「家の恥をさらしたくない」「他人のお世話にはなりたくない」と躊躇したりする場合もあります。そのため、支援者は普段から気兼ねなく話ができる関係性をつくるなど、祖父母へのていねいなかかわりが肝要です。

❽育児休業中の親への支援

　女性の育児休業取得率は1996（平成8）年は49.1％でしたが、2007（平成19）年以降は80％以上で推移し、2021（令和3）年では85.1％でした。拠点には育児休業中の利用者も多くみられるようになりましたが、拠点によっては、利用者の約半数が育児休業中ということから、地域との関係性をつくれないまま子育てに入り、復職していくというのが一般的になりつつあるとの報告もあります。また、「保活」といわれるように職場復帰を控え、子どもの預け先の確保に不安や危機感を抱いている親もいます。拠点には、育児休業中の親が地域とつながり、仕事と子育てを両立させる社会資源の入り口となる役割が求められています。具体的な支援として、ハローワークや自治体の保育担当者を招いての仕事と子育ての両立支援講座を開催したり、ワーキングマザー同士の交流会を開催したりする取り組みが始まっています。

　その一方、男性の育児休業取得率は1996（平成8）年は0.12％、2007（平成19）年は1.56％と微増し、2021（令和3）年では13.97％となっています。男性の育児休業取得率は上昇傾向にあるものの依然として女性に比べ低い水準となっています。このような現状をふまえ、希望に応じて男女ともに仕事と育児等を両立できるようにするため、2021（令

和３）年に育児・介護休業法が改正されました。

　具体的には、子の出生後８週間以内に４週間まで取得することができる柔軟な育児休業の枠組みとして『産後パパ育休』が創設されたほか、事業主に対して、労働者が育児休業を取得しやすい雇用環境を整備するための取り組みと、妊娠・出産の申出をした労働者に対し個別に育児休業や産後パパ育休の制度についての周知と取得の意向確認を行うことが義務付けられました。このほかにも、育児休業の分割取得や有期雇用労働者の育児・介護休業取得要件の緩和など育児休業取得促進のための改正が行われました。

　しかし、育児休業を取得しても実際には育児や家事を担わない夫に対して、妻がストレスを抱える事例も報告されています。拠点には、育児休業や産後パパ育休中の父親を対象とした子育て支援への取り組みが求められているのです。

　また、育児休業中の親ばかりでなく、結婚や出産を機に離職し子育てをしている親のなかにも再就職を希望したり、ボランティア活動などで社会とつながりたいと考えたりする人もいます。拠点への一歩が社会への一歩につながるよう子育て期の親のライフデザインを支え、親が再就職や社会活動に一歩踏み出すことを支える視点は、これからの地域子育て支援の大きな可能性でもあると思われます。

（金山美和子）

3. 担い手を育てる

❶地域子育て支援拠点事業の担い手

　地域子育て支援拠点事業の「担い手」という用語には、運営を担う“NPO法人”“社会福祉法人”“自治体”等と、利用者に直接的にかかわる“スタッフ”“支援者”の二つの意味が含まれます。

　他の子育て支援事業と比較しても、NPO法人や民間団体が多く参入している地域子育て支援拠点事業では、運営を担う組織・団体を育てることも重要なことです。事業の委託を受ける団体を「みつける」「つくる」ことも育てることに含まれますが、委託を受ける組織・団体が地域子育て支援拠点事業の理念を理解して運営に携わることも大切です。

　地域子育て支援拠点事業の前身の一つであるつどいの広場事業は、当事者活動から出発し、その小さな活動が、専門機関が担う子育て支援と同等であると

認められるまでの力を発揮しました。そのことを考えるとき、本事業の出発点の一つが当事者活動にある意味とその働きを明らかにし、事業の運営のなかに引き継いでいくことも必要でしょう。また、社会の変化を背景とし、当事者のニーズは常に変化していきます。世代や時代を超えて子育てに必要とされる普遍的な支えとは何か、今の時代のなかで必要な支えとは何かを問い続ける姿勢が、当事者から出発したか否かにかかわらず運営を担う団体・組織に求められます。

　政策的には、本事業の運営主体は、市町村や社会福祉法人だけでなく、NPO法人、学校法人など、多様な運営主体が認められています。実際に運営を担う団体には、子育てに必要とされる普遍的な支えと今の時代のなかで必要な支えとは何かを問い続ける姿勢と、その必要性を次世代に伝える役割があるといえるでしょう。

❷当事者性と専門性

　地域子育て支援拠点事業のスタッフは、事業の成り立ちの経緯から、当事者から出発して事業に携わった人、保育所や他団体等の募集や異動によりスタッフになった人に分けられます。前者は、つどいの広場事業を継承する拠点のスタッフに多く、後者は、地域子育て支援センター事業を継承する拠点のスタッフに多い傾向にあります。これまで両者の間で、スタッフの資質としては「当事者性」と「専門性」のいずれが必要かが話題になることがありました。2007（平成19）年の再編までは、成り立ちの異なる事業としてある程度住み分けて、「当事者性」を大切にする「ひろば型」、「専門性」を発揮する「センター型」という整理をする考え方もありました。

　しかし、2007（平成19）年の事業再編、2008（平成20）年の第2種社会福祉事業への規定化、2012（平成24）年に制定された子ども・子育て支援法における「子ども・子育て支援事業」への位置づけなど、拠点事業の制度的位置づけが変わるなかで、政策的には、実施形態による住み分けは求められなくなりました。実際に、当事者活動を出発点とするNPO法人が大規模な拠点を運営することや、小さな拠点を社会福祉法人が運営する保育所が担うこともあります。事業の制度的位置づけの変化に伴い、今一度スタッフに求められる資質とは何かを整理する必要性が生じているのです。

　このような現状から、地域子育て支援拠点が再編され一つの事業として歩みだしたとき、そこで働くスタッフが共通基盤を有することなく、それぞれの働き方を「独自性」「特性」と表したまま機能してよいのかという課題がみえて

きました。前章で確認したように、地域子育て支援拠点事業は、親子の存在を軸にすれば共通する役割を有しています。そこで本書は、筆者らが研究を通して本事業のガイドラインを作成することにより、スタッフとして共有すべき姿勢や役割を明らかにすることを目指しました。

　一方で、「当事者性」「専門性」が担い手のよりどころになりえたということは、いずれもスタッフの役割を構成する要素を含むと考えられます。今後「当事者性」「専門性」と表されてきたスタッフの機能の内実を把握し、地域子育て支援拠点事業のスタッフに必要とされる知識やスキルをより詳細に明示していくことが求められます。

（橋本真紀）

先は見ない。今をみつめる。

地域子育て支援センターあっぷっぷ

石綿　亜梨沙 (山梨県)

　私には2歳の息子がいます。出産予定は5月でしたが3月に出産。2か月の早産で出生体重1256グラムと未熟児でした。この子にとってこれから、ハンデを乗り越えて周りの子達についていってくれるかを思い不安な日々でした。

　ある支援センターで幼児教室があると聞き、入園前に同じ学年となる子達と接する良い機会と思い申し込みました。この頃は、息子にとって周りの子達と遊ぶことよりも自分の興味のある遊びに夢中で誰かに合わせてという事は難しい時期でした。幼児教室へ行ってもなかなか内容に沿った動きが出来ず、ついには一度も部屋にすら入らないこともありました。どうしてもっと、みんなと遊んでくれないんだろう。なんでうちの子だけ他の子と違うんだろう。未熟児出産だったから周りとついていけないのか。そんなことばかり考えてしまい、悲しい気持ちになりました。息子が周りからどんな目で見られているのか気になり恥ずかしさもあってか、部屋から出たところでとうとう、私は涙が出てしまいました。

　そんな私を見て、息子は心配そうに近寄り頭を撫でてくれました。こんな優しい子なのに、どうしても周りと比べてしまう事にも自分に腹が立ち、涙が止まりませんでした。

　先生がその姿を見て、優しい笑顔で話しかけてくれました。「大丈夫。周りの子達の声を聞いたり音楽が聞こえるだけでもいい刺激になるのよ。ママ、大変で辛いのに頑張ってるね。辛くて家から出れずに悲しい思いをしてるママもいるの。でも息子さんのことを考えて、こうやって外に連れて来てくれて先生嬉しいわ。頑張ってるね。えらいね。」

　それを聞くと今までの私を認められている気がしてほっと安心できました。嬉しさがつのり、また涙が出てしまいました。いつからだろうか…息子と周りを比べてしまうようになったのは。周りを気にしすぎて、どんどん窮屈にしているのは息子の行動や気持ちではなく、自分自身だったという事に初めて気付きました。未熟児出産のことをいつまでも気にして、息子に頑張って欲しいと、そんな事ばかり考えてしまっていました。笑顔でいてくれればそれでいい。私が見失っていた大切なものを見つける事ができました。

　「来週も絶対来てね。約束よ。」先生は続けてそう言いました。私は「はい」と答えました。いつまでも、先ばかり考えて不安になるのはもう止めよう。私にとって子育て支援センターは、私という未熟な母親も優しく認めて見守ってくれる存在です。

第5章

実践例

●わくわくるーむ

長年活動してきた地元 NPO の力で花開く
地域子育て支援と利用者支援、実践の連続性

所 在 地●岡山県備前市
運営主体● NPO 法人子どもたちの環境を考えるひこうせん
代表理事●赤迫康代さん

■ 人口減少のなか、地域子育て支援拠点の充実をはかる備前市

　備前市は、岡山県の東南端の兵庫県との県境に位置し、南は瀬戸内海に面し、西には平野が広がっています。市の面積の約80％を山地が占め、海山両方の幸に恵まれて、温暖な気候のすごしやすい環境にあります。

　製造業に従事する人が多く、溶鉱炉などの耐火物の製造が備前市の主要産業の一つで、県内の耐火物製造事業所は、ほぼ備前市内に集中しています。昼夜間人口比率が岡山市に次いで高く、市外から備前市へ、多くの人が通勤・通学しています。人口は3万6211人（平成28年3月31日現在）と、年に約500人ずつ減少しており、周辺の市町と比べても、高齢者の比率が高くなっています。

　こうした状況を打開するために備前市では、2015（平成27）年に「備前市まち・ひと・しごと創生長期人口ビジョン」「備前市まち・ひと・しごと創生総合戦略」を策定し、市の目指すべき将来の方向として、①子育てしやすい環境を整備し、若い世代の結婚・出産・子育ての希望を叶える（出生数の増加対策）、②周辺市町へ若者が流出している「人の流れ」を変える、人口流出に歯止めをかける（転入者の増、転出者の抑制対策）、③人を呼び込む魅力あるまちづくりの推進（人を呼び込む対策）、④「教育のまち備前」をBIZENスタイルとしたまちづくりの推進（BIZENスタイルの推進）、⑤時代に合った地域をつくり、誰もが安心な暮らしを守るとともに地域と地域を連携する（時代に合った地域づくり）、の五つを掲げています。

　その「備前市まち・ひと・しごと創生長期人口ビジョン」では、「地域子育て支援拠点事業の充実による地域機能強化を図り、子育て世代が就業の有無にかかわらず、育児相談や子どもの成長発達を保障できるサポートである利用者支援事業の充実を図ります」と書かれています。

　備前市の地域子育て支援拠点事業は現在、市が直営で運営する、認定こども園内の地域子育て支援センターの1か所と、地元のNPOが運営する「わくわくるーむ」をはじめとする4か所の親と子のつどいのひろばの合計5か所で展開されています。また、平成29年度からはこれら五つの拠点すべてで、備前市利用者支援事業も始まりました。

"おばあちゃんちに帰ってきたみたい"
地域の人々も気軽に立ち寄る
くるみの森

　備前焼の窯元が集まり、落ち着いた街並みをつくり出している備前市伊部の街にしっとりと溶け込むように、築100年の古民家を活用した、幼児から高齢者までを対象とするふれあい交流拠点「くるみの森」があります。

　2000（平成12）年から備前市の直営で母子支援事業として「わくわくるーむ」がスタートしました。2001（平成13）年に「備前市にも子どもと大人が交流できる場がほしい」と願った親たちが立ち上げた「子どもたちの環境を考えるひこうせん」は、市内のさまざまな地域で交流のための広場を開催してきました。全国の子育て支援団体ともつながり、先駆的な取り組みを備前市にもたらしたその活動は、同市のみならず、岡山県の地域子育て支援を牽引する存在でもありました。こうした長年の努力が実り、ひこうせんは2007（平成19）年に念願の「ふれあい交流拠点くるみの森」を開設することになり、同時に地域子育て支援拠点事業として「わくわくるーむ」が備前市から委託されました。

　「『くるみの森』は土間があって、押入れがあって、ふすまがあって、開くと部屋が全部つながって、縁側から庭に出ると、大きな木が庭で遊ぶみんなを見守ってくれていて……。築100年の古民家が醸し出す空気感はとても大きく、座っているだけで、何か温かいものに包まれているような穏やかな気持ちにしてくれます。"おばあちゃんちに帰ってきたみたい"と、訪れる方はみなさん口をそろえておっしゃいます。いるだけで安心感を与えてくれる環境です。冬はちょっと寒かったりもしますけれど、季節感を感じられて、いまの時代には、これも貴重な体験なのかもしれません。」

　古民家の魅力を、代表の赤迫康代さんはこのように語ります。

　くるみの森のわくわくるーむは週5日、10時から15時まで開設されています。開設曜日がユニークで、第1・3・5週は月〜金曜、第2・4週は火〜土曜と、2種類の開設曜日で、土曜日も隔週で利用できるように工夫されています。

　平日のわくわくるーむには、地域の乳幼児の親子が訪れ、第二の我が家のような雰囲気のなかでスタッフはゆったりと子どもたちを見守っています。妊婦や赤ちゃんの集い、さまざまなサロン、子育てサークルの活動など、目的に合わせた交流の場も設けられ、平均すると1日20組程度の利用があります。土曜日は、働いていて平日利用できない親子や小学生の子どもたちもやって来ます。

　近隣住民がバザーのための品物を寄付に訪れたり、お祭りや地域の情報を届けに来たり、通りがかりに立ち寄るご近所さんもあり、地域の人々が古民家に親しみと愛着を感じ、自分らしいかかわり方

で地域の子育てを応援しています。

備前市の在宅子育て3歳児問題 プレイセンターに学んだ「あそびえん」

備前市には現在、六つの公立保育園と一つの私立保育園、四つの公立幼稚園と四つの認定こども園があります。

年間出生数の減少と就労を希望する母親の増加傾向により、幼稚園よりも保育園を希望する家庭が増えているものの、待機児童は少ない状況にあります。しかし、幼稚園がすべて公立園で、4歳児入園の2年間の教育であることから、多くの子どもが3歳までは日中家庭ですごしています。そのため、地域子育て支援拠点事業が提供する在宅子育て家庭への支援は、備前市の親子にとって重要な支援となっているのです。

わくわくるーむでは、家庭ですごす3歳児を対象に、親子で活動する「あそびえん」という事業を提供しています。ニュージーランドのプレイセンターを参考に組み立てた1年間のプログラムで、15組程度の親子が毎週木曜日の午前中にくるみの森に集い、外遊びを中心に活動するものです。

参加者募集の案内には、あそびえんの魅力として「あそびえんは、お外遊びが中心。何をして遊ぶかは、子どもたちが自分で決めます。主役は子どもたちだからです。大人は、子どもたちの遊びを見守ったり、必要な手助けを行います。一緒にすごしていると、どの子もみんな可愛く思えてきます」と書かれています。

あそびえんでは、集団のなかで子どもが「自ら自分で選ぶ遊び」体験による自己形成を大切にしています。自主性が保障される遊びの場を支えるのは保護者たちです。そのため親への学びの機会が活動のなかに組み込まれています。

あそびえんでの1年で子どもは大きく成長しますが、赤迫さんたちスタッフがそれ以上に期待しているのが、親の学びの成果です。

「お母さんたちがミニ保育士さんになれるようなプログラム構成です。子どもの年齢にふさわしい心とからだの成長とはどういうことなのか、そしてお友だちとかかわる力はどのような体験から幼児期に育っていくのか、そしてこうした成長の仕方や速度は一人ひとり同じではないことなどを、毎月少しずつ、実際に目の前で起こっている子どもたちの状況をとらえながら、お母さんたちに伝えます。トラブルがあったり、いろいろなことが起こるなかで、しんどい気持ちになったりするのをみんなで乗り越えて1年間が過ぎていきます。こうした体験の共有を重ねていくことで、親も子も集団も成長していきます。4歳になって幼稚園に就園するときの子どもの力、お母さんたちの見守る力が、育っていきます。」

体験の不足、子ども理解の低下を補完 親も育つ、拠点の学びのデザイン

あそびえんの参加者に毎月配布される

「くるみの森」の縁側の様子

『あそびえん・お母さんたちの学び資料』
と題された資料があります。

　そこには、あそびえんの目標と主旨に
続き、母親たちが前月の活動後に記した
ふりかえりシートからのコメントがずら
りと並んでいます。

【遊び園5月のふりかえりノートから…】
一部抜粋
●お友だちとサッカーをしていてボール
　の取り合いになり「もうしてあげな
　い」と言われてションボリしていまし
　た。そのあと、室内でボールをけって
　いたけどすぐ「もうやめる」と言って
　お友達とレールで遊び始めました。一
　人遊びより、誰かと遊びたい気持ちが
　あるのかなあと感じました。
●いつも午前中は離れない・しゃべらな
　いなど引っ込み気味だが、今日は来て
　すぐ離れて遊んだ。あそびえんの友だ
　ちに慣れたこと、連日のわくわるーー
　むで早いタイミングに楽しい気持ちに
　なってきたんだと思う。
●物を一人占めしたいから、ダメとか、

取り合いになると手が出てしまい、ほ
かのお母さんに声がけをしてもらい助
かっています。
●自立心と依存心の学びをして、またま
　た反省することが多かったです。子の
　自立性の育つ大切な時期をしっかりと
　受け止めてあげなければと思いまし
　た。

　紹介された振り返りの言葉からは、親
の気づきや発見、わが子への理解と、他
の子どもたちとの関係のなかでわが子を
とらえる力、子どもの成長を待ち、見出
す姿勢が育っていることがうかがえま
す。

　資料の裏面には、「幼児期前半の子ど
もたちのあそび」のコンパクトでわかり
やすい解説と小麦粉粘土の乳幼児期の感
覚遊びとしての有効性が、こちらもわか
りやすく記されています。

　母親の多くが赤ちゃんと触れ合う経験
を持たずに出産と子育てを始めていま
す。少子化のなかで子どもの数が少な
く、身近に小さな子どもがいないという
社会的な背景もあり、子育てに不安を感
じる親が多くなっているため、地域子育
て支援拠点では、こうした親をどう支え
るかが問われています。

"ないものは作る"利用者支援事業 資源が限られた自治体にこそ力を発揮

　平成29年度から備前市での利用者支
援事業の開始とともに、わくわるーむ
でも利用者支援事業「まある」が始まり

ました。子育て支援コーディネーターで
もある赤迫さんは、この事業について、
妊娠期から思春期までの安心な子育ての
ために、いちばん取り組みたかった、地
域に必要な仕事だと言います。

「利用者支援事業が始まる前からも、
市役所や保健センターとの関係づくり
に努めてきましたが、連携について課
題がありました。でも利用者支援事業
が始まって、"子育て支援コーディ
ネーターの赤迫です"、となると関係
機関へも行政がしっかりとつないでく
ださって、情報の共有も連携もスムー
ズにできるようになりました。」

利用者支援事業の勉強をするなかで、
赤迫さんが出会い共感した言葉がありま
す。"ないものは作る"だそうです。

「私たちのNPOの歩みは、まさにこ
の言葉の取り組みの連続だったように
感じています。岡山県の端っこで、先
駆的な事例を求めても近くにはなく、
いろんなところに出向いて、学んで、
自分たちなりに理解してつくり出して
きたものが、やがて社会的な事業と
なって中央から発信され必要性が裏づ
けられてきました。
　備前市は小さな自治体で、地域資源
の数は都市部とは比べ物になりませ
ん。制度や仕組みやサービスは多くつ
くれなくても、必要な支援を、地域の
心ある人たちやボランティアさんの力

を借りて組み立てていける利用者支援
の仕事は、子育ての資源が限られた自
治体にこそ、生かされるのではないか
と思います。」

地域子育て支援拠点の実践から生まれ
た利用者支援事業が、くるみの森わくわ
くるーむを起点に、まさに拠点で活かさ
れ、包括的に実践されているようです。

親同士で学び合うサロンの様子

（2017（平成29）年6月取材当時）

多機能型の地域子育て支援の総合拠点

所在地●東京都練馬区
運営主体●社会福祉法人雲柱社

暮らしやすい
緑あふれるニュータウン

　東京都練馬区は、東京23区のなかにあって比較的畑なども多く緑豊かな住宅街が広がっています。都内中心部からの交通網の整備に伴い、大型マンション等ニュータウンの整備も進み、人口は約74万人、東京23区内で2番目に多く、出生数は約5500人、合計特殊出生率は1.09（令和2年）となっています。光が丘は練馬区北部に位置する新興住宅地と公園の総称で、光が丘駅を中心にショッピングセンター、団地が立ち並んでいます。団地内は、車道と歩道・自転車の通る道路が分離しており、公園を中心に文化施設も多く緑あふれるニュータウンとして暮らしやすい環境にあります。

行政の総合相談窓口と
地域の子育て支援の総合拠点

　東京都の子ども家庭支援センターは、区役所や庁舎内など行政の相談窓口であるだけでなく、親子が利用しやすい子育てのひろばを併設する施設が多く、練馬区でも「地域の子ども家庭支援センター」として、通称「ぴよぴよ」という名称の子育てひろばを併設しています。区内に

あるすべての区立子育てひろばは、「ぴよぴよ」と統一されており、区別化するために「光が丘ぴよぴよ」等地名つきで呼ばれています。

　地域子ども家庭支援センター光が丘については、子育てひろば（地域子育て支援拠点事業）、一時預かり事業、トワイライトステイ、利用者支援事業などの各種事業を実施しています。東京23区内の子ども家庭支援センターは、多くの場合行政直営の運営が多くなっていますが、練馬区は地域型の子ども家庭支援センターについては社会福祉法人やNPO法人等に運営を委託しています。

　練馬区立地域子ども家庭支援センター光が丘は、2008（平成20）年4月に光が丘駅近くの区民センター6階にオープン。総合相談、一時預かり事業、子育て短期支援事業（トワイライトステイ）、2017（平成29）年からは、利用者支援事業等を行っています。区民センターには、保健相談所、福祉事務所等も入っており、適時連携をとりながら事業を行っています。また、2016（平成28）年1月には、支援センターから徒歩5分ほどの団地の1階に、分室としてひろば室をオープンして現在に至っています。練馬

区立地域子ども家庭支援センター光が丘内で行われている子育て支援事業の実施内容については、以下の通りとなっています。

	事業内容	開設日等 （いずれも年末年始を除く）
練馬区立地域子ども家庭支援センター光が丘 （区民センター6階）	総合相談	日祝以外実施 9：00〜17：00
	一時預かり事業 定員15名（事前受付12名、当日受付3名）	週7日（日〜土）実施 10：00〜16：00
	子育て短期支援事業 （トワイライトステイ）	祝日を除く週6日（月〜土）実施 17：00〜22：00
	利用者支援事業 「すくすくアドバイザー」	日祝以外実施　週6日（月〜土） 9：00〜17：00
練馬区立地域子ども家庭支援センター光が丘 分室（団地の1階）	地域子育て支援拠点事業（一般型） 1日平均約70組	週7日（日〜土）実施 9：00〜17：00

■利用者にとっての利便性を考えた土日開催

地域子ども家庭支援センター光が丘の大きな特徴の一つは、地域子育て支援拠点事業、一時預かり事業が週7日のフル稼働で、総合相談、利用者支援事業が週6日で行われている点です。業務委託であるため、受託事業者の意向というわけではありませんが、結果として利用者はいつでも利用できるといった最大限のメリットを享受することができています。区内すべての子育てひろばぴよぴよは土曜日に開所していますが、日曜日に開所しているのは、練馬ぴよぴよ（ひろば室）と光が丘ぴよぴよ（ひろば室）の2か所のみです。日曜日には、公園で遊んだ後、子育てひろばでゆったりとすごし、ショッピングセンターで買い物をして帰るといったような日常的な生活の様子が垣間見られます。また、育児休業中に利用していた親子が職場に復帰した後

でも土日に利用しやすいといった利点もあります。就労家庭が増えるなか、地域子育て支援拠点の土日開所は、今後さらに求められると思われます。同様に、相談したいと思ったときに曜日に限らず、いつでも相談できる体制をもっていることは、すべての子育て家庭、とりわけ共働き世帯にとって心強いものであると考えられます。

また、一時預かりに関しては、区内5か所の子育てひろばのうち、週7日実施の子育てひろば以外の子育てひろばでも水曜と日曜に実施するなど、週末の利用が可能となっています。もちろん区内の認可保育所の一部においても一時預かり事業も実施していますが、日曜日には一時預かりを行っていないため、普段は保育所を利用している保護者の利用も多くなっています。

地域子育て支援拠点事業を始めとした一時預かり事業の土日の実施、利用者支

援事業の土曜実施については、必要性を認識していても、ここまで徹底している自治体の例は少なく先駆的です。これからの子育て家庭への支援を考えた場合には、必要性の高い土日開催ですが、各自治体が、利用者にとっての利便性を考えて土・日の開催を決める場合には、職員の人件費や処遇への配慮もまた欠かせないと考えられます。また事業者側も、定期休暇がとりにくい状況を鑑み、職員のシフト調整等、人員配置、研修、ミーティングの開催等についての体制づくりに工夫が求められます。

親も子どもも育つ
子育てひろば

運営法人である雲柱社の子育てひろばは、練馬区の子育て支援のビジョンにのっとり、地域性に配慮しつつ、以下の基本的な四つの柱を中心にすえて運営を行っています。

① 遊び・ふれあいのひろば

親子が安心して遊び、すごす場としての環境設定、コーナーづくり、ボランティアさんの協力も得ながらの「すぽっとタイム」など、初めてきた親子もひろばの輪に入れるような名札の工夫やスタッフのかかわりを大切にする。

② 学びあいのひろば

完璧な親はいない、学びあいながら成長できるという考え方のもとに、講座等の開催、仲間づくりをサポートする。

③ 支えあいのひろば

子育てのパートナーとして子育て相談

ひろばの様子

を行っている。また個別の相談事業の前に、まずはセンター内で親同士が一緒に考えたり、助けあったりすることが大切であるため「相談事業」というよりは「支えあいのひろば」と広くとらえている。

④ 分かちあいのひろば

子育ての情報、近隣の保育所・児童館・幼稚園等の情報を幅広く提供するとともに、子育てひろばの情報紙として「かわらばん」を毎月発行し、情報を分かちあうという考え方で運営している。

市民ニーズのツボを押さえた
一時預かりとトワイライトステイ

一時預かり事業の最大の特徴は、保護者のリフレッシュなど「理由を問わない」点にあります。利用料金は3時間単位で、0歳児が2000円、1歳以上が1500円となっており、利用日当日に窓口で支払います。キャンセルする場合は、前日正午までに申し出ればキャンセル料がかかりません。定員は15名ですが、事前受付は12名まで、当日受付として3名分を確保しています。対象年齢

は、生後6か月から小学校就学前の児童となっています。もちろん一部の認可保育所でも一時預かりが行われていますが、乳幼児の一時預かりに特化した場所を確保し、地域子育て支援拠点と連携しながら行う例は全国的にもそう多くはありません。

一方、トワイライトステイは、家庭において子どもの養育が一時的に困難となり、ほかに養育できる人がいない場合に活用できる夜間一時保育事業であり、理由が必要となります。たとえば以下のようなケースです。

① 保護者自身が疾病や出産により入院する。または親族の看護や介護にあたる。

② 保護者が冠婚葬祭などの公的行事に参加する。

③ 保護者の出張や、突発的な仕事がはいった。

④ 仕事が残業になり保育園等のお迎えが間に合わない。など

通常、トワイライトステイは、乳児院や児童養護施設等に併設の場合が多いのですが、練馬区ではそれ以外に日中一時預かりを行っている施設も活用しています。また、保育園・学校・学童クラブへは職員が徒歩、または車でお迎えにいくことになっており、車の場合は費用がかかります。利用時間は、午後5時から午後10時まで、利用料金は、食事込みで1回2000円となっています。

一時預かりの利用者とトワイライトステイの利用者層は異なる場合が多いです

が、どちらも家庭のニーズが高いものであり、駅に近い場所で行われていることは区民にとっては最大限のメリットとなっていると思われます。

多様な入口から必要な支援につなぐ総合拠点の必要性

地域子ども家庭支援センター光が丘は、子育てひろばが分室として徒歩5分程度のところにあります。このように同じ施設内または近接して複数の子育て支援事業が設置されていることは、利用者にとって他の事業の利用につながりやすいという利用促進効果が期待できます。保護者にとっては、基点となる子育てひろばがあり、その職員等を通じて、一時預かり事業等の別の事業の利用を紹介されたり、情報提供が行われることで安心して利用することができると思われます。このようにワンストップでのサービス利用の相乗効果を活用しながら、必要に応じて相談や利用者支援事業を通じてその他の地域資源にうまく結びつけられるような包括的な支援が今後ますます必要とされると考えられます。

また個別に支援が必要な家庭に対しては、練馬区の担当課や要保護児童対策地域協議会との情報共有を図り、センター内でも相談担当が主となって子育て支援事業間でのチームワーク体制を組み、包括的な支援を行うなど行政との連携を深めています。子育て家庭に対する切れ目のない継続的支援が求められるなか、ワンストップ相談支援や地域ネットワーク

相談室の様子

の構築が重要ですが、東京都の子ども家
庭支援センターは先駆的に進めてきた経
緯があり、一つの方向性を示していると
考えられます。

参考文献：新澤誠治「子育て支援はじめの一歩」
小学館，2002.

$\begin{pmatrix} 2017（平成 29）年 6 月取材当時 \\ 2022（令和 4 ）年 11 月一部加筆 \end{pmatrix}$

家族という船がイカリを下ろす港でありたい
時代の波を感じながら子育て家庭を支援する

所 在 地●大阪府枚方市
運営主体●社会福祉法人大阪水上隣保館

■ 子育て家庭に人気の枚方市
■ 市民活動拠点のなかの
■ 地域子育て支援拠点

　西に淀川が流れ、東に生駒山系が連なる大阪の北河内地域に位置する枚方市は、戦後の大規模な住宅団地開発によって発展した、人口約40万人の住宅都市です。市の中央を国道1号線が、西部には京阪電鉄が、東部にはJR学研都市線が走っていることから、大阪・京都への交通の便がよい地域です。近年、駅周辺の再開発が進み、老舗遊園地「ひらかたパーク」も人気を集めており、子育て家庭が暮らしやすい郊外都市として、マンションや戸建て住宅の開発が続いています。

　枚方市内には13か所の地域子育て支援拠点がありますが、そのうち10か所は保育所・保育園に併設されています。おやこの広場・広場さぷり（以下、広場さぷり）は、保育施設を併設しない三つの拠点のうちの一つで、2013（平成25）年に小学校跡地を活用した市民活動拠点「サプリ村野」の南館1階に開設されています。同じフロアスペースの一角には「枚方市ファミリーサポートセンター」が置かれ一体的な運営がなされています。

　京阪電鉄交野線村野駅からも星ヶ丘駅からも徒歩10分ほどの距離にあるサプリ村野には、NPOセンターやスポーツセンター、図書館分室、防災備蓄倉庫のほか、環境情報コーナー、明治以降100年の歴史をもつ枚方市の伝統文化「菊人形」づくりを継承する菊人形制作室など市民活動や交流を支援するさまざまな機能が集積しています。広場さぷりは、枚方市民がさまざまな利用目的をもって訪れるこの市民活動拠点で、地域の子育て親子の支援を担っています。

　広場さぷりの運営は、1931（昭和6）年に湾岸労働者の子どもの保護を目的に設立されて以降、児童養護施設や乳児院を中心に幅広い福祉事業に取り組んできた社会福祉法人大阪水上隣保館が、枚方市から委託されて行っています。同市内には大阪水上隣保館が2004（平成16）年に運営を委託されたもう一つの地域子育て支援拠点事業「ファミリーポートひらかた」（以下、「ポート」）もあります。

　法人によるリーフレットには、長年、子ども家庭福祉に携わってきた運営法人が"ファミリーポート"の名に込める理念が、次のように記されています。

サプリリーフレット

「ファミリーポートの＜ポート＞は港という意味。家族という船が海を渡る間には、順風な時もあれば、強風やシケに遭うこともあります。港でイカリを下ろして燃料を補給し、家族が充分な休息をとったら、希望の帆をあげて大海原に出航してゆく、「ファミリーポート」はそんな家族の港でありたいと願っています。港にいろんな船が集まってくるように、この場所が、地域の子どもからお年寄りの方まで、いろんな方が集まり、みんなで地域の子育てをサポートしたり、コミュニケーションの場として利用していただけることを願っています。」

広場さぷりもまた、この理念を共有し、地域にとってかけがえのない役割を果たしています。

データとアンケートから得た裏づけと気づきを、子育て支援に活かす

広場さぷりは、水・日・祝日以外の月曜日から土曜日の9時半から16時まで開設しています。2020（令和2）年度からは、新型コロナ感染予防対策のため、午前・午後各2時間の予約制。キャンセル待ちが続くなか、1か月約1000人が利用しています。

予約による人数制限や昼食場所の閉鎖など感染予防対策で不自由なことが増え

たものの、限られた利用者に丁寧にかかわり、親子を深くとらえる機会にもなったそうです。

土曜開所する広場さぷりには、父親たちの姿が目立ちます。2021（令和3）年度は延べ430人の利用があり増加傾向です。家族一緒の利用から、やがて父と子で母親を伴わずにやって来ることも増え、センター長の山下裕美さん曰く「第3土曜日は午前・午後ともパパDayになりました。」と。

利用データやアンケート調査から、事業や運営、支援のあり方を考えるようになったそうです。

「大阪つどいのひろばネットワークや全国の支援者が集まる研修などで、利用者カードを使った入館システムを取り入れている拠点があることを知り、広場さぷりも利用者が多いので導入することにしました。

受付の効率化だけでなく、蓄積されていくデータが、いろんな現実を教えてくれます。何となく感じていたことが、数値で裏づけられたり、見落としていたことに気づかされたり、データをもっと活用すべきだと考えるようになりました。」

こうした経験から広場さぷりでは、2年ごとに利用者アンケートを実施、2021（令和3）年度は107人から回答を得たそうです。

その結果、利用者の子どもの年齢は0歳と1歳が特に多いこと、母親は30歳代が4分の3を占めていること、ほとんどの利用者が共通して「安心して遊べる空間」を求めて来館していること、結婚や出産を機に枚方市に転入してきた利用者が多く、全体の4分の1が「サポートしてくれる人が近くにいない」といった状況にあることが数値として把握でき、拠点の重要性に説得力が増しました。

アンケート調査の設問には、運営状況やスタッフのかかわり方などに関する項目もあります。利用者ニーズの収集だけでなく、事業評価についても少し踏み込んだ内容になっており、事業計画や運営、講座企画の際の参考資料として活用しているそうです。集計結果は利用者に公開するとともに、枚方市の所管課とも共有したところ、地域子育て支援拠点事業への認識を高める資料として歓迎されたそうです。

父親が利用しやすい環境
支援を重ねながら父親の特性を理解

父親利用が比較的多いという広場さぷりですが、小学校跡地という広い施設と多様な機能を備えた市民活動拠点という立地は、子育て支援施設の利用経験が少なく、子育てひろばになじみの薄い父親にとっては、利用の心理的ハードルを下げる環境といえます。駐車場が整備されているのも好条件です。また、スポーツ施設や図書館などほかの施設を利用する目的で来館した際に広場さぷりの前を通りかかって、自分と同じ父親の姿が目に

2022年7月パパDay

止まれば、ひろば利用にきっかけを与える可能性があります。

最近の利用者の父親にまつわる印象的な出来事を、スタッフの浜屋奈津子さんが聞かせてくださいました。

「閉館時間になって、皆さんが帰って行かれているころに、利用4か月目ぐらいのお父さんが話しかけてこられました。

『最近、1歳の子どもが離乳食を食べなくなってきた。妻が手を加えてがんばって調理しても、なかなか食べてくれない状況が続いて、だんだんと妻の機嫌が悪くなってきた。

子どもが食べないことも気になるし、機嫌の悪い妻にも気を遣う。でもそんな気持ちを妻にうまく言えなくて……。こんなときは、どうしたらいいんでしょう？』というものでした。」

浜屋さんは父親に対して、離乳期の食欲にはムラがあることや、手をかけたからといって食が進むとも限らないので、大人の食事をとり分けて作る簡単な離乳食づくりを提案したそうです。それに加えて、ちょうどその月に広場さぷりで開催される乳幼児健康相談に栄養士が来る予定になっていることを伝え、「ご夫婦で相談してみては？」と言葉を添えたそうです。

「すると、ご夫婦で栄養士相談に行かれたそうで、その後お父さんが私のところに来られて、"もう大丈夫です。妻とも話し合えたし、相談できて安心しました。"とおっしゃったのは、うれしい驚きと感動でした。」

父親への支援を通じて、母親とは異なる意外な父親たちの反応を感じているのは、山下さんも同様です。交流や講習の場面で、プログラムの進行やファシリテーションに対し、父親も素直に率直に反応しているように感じると言います。父親たちは総じて、限られた時間のなかで、父親同士の交流に価値を見出し、体験を共有し、自らの子育てと夫婦での子育てに役立てようとしていることを感じる場面が多いそうです。

▌トリセツが欲しい親たち
赤ちゃんとの生活を体感するプログラム

広場さぷりを開設して18年、山下さんは二つの大きな変化を感じています。

「一つは社会で活躍する母親が増えた

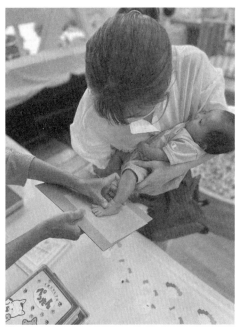
プレママ community　1歩・2歩・3歩

出会いの場（バースデーカード作り）

2歩目：赤ちゃんとママが集まる広場のプログラムに参加。先輩ママの声を聴く

★産後1か月頃に地域情報を添えたお手紙を広場さぷりから郵送

3歩目：生まれた赤ちゃんと一緒に広場デビュー（カードに記念の足型スタンプ）

　産むのがゴールではなく、家族としての始まりを支援するプログラムには、これまで25名が参加しました。「出産前に来ていたから安心だった」「知らずに産んでいたら、広場さぷりには来なかったかもしれない」との声が示すように、受講者は総じて広場さぷり利用が早く、ベビープログラムや赤ちゃんの広場を上手に活用して子育てを始めているそうです。

広場さぷりからファミサポへ
「預ける」ことで社会と支援につなげる

　広場さぷりのアンケート調査から、三世代同居が激減し（107件中2件）、実家の"近居"が増えています。

　一方、子どもを預ける先がない、預けたことがない人が30％。その大半が「預ける理由がない」「預ける勇気がでない」「預けることに罪悪感がある」と回答していました。

　広場さぷりにはファミリーサポートセンターが併設されており、登録は妊娠中から可能です。

こと。その結果、育休中の広場の利用が増えています。二つ目は、スマホやネットが生活必需品になったことです。でも、子育てそのものは変わるものではなく、初めて赤ちゃんを育てるお母さんたちは、なかなか要領がつかめず、赤ちゃんのトリセツが欲しいと、真剣に訴えられます。」

　広場さぷりでは、コロナ拡大前からプレママのプログラムの必要性を感じ、2019年秋に満を持して「プレママ community　1歩・2歩・3歩」をスタートさせました。

　赤ちゃんのいる生活を妊娠期からイメージできるよう、保健センターの母子保健とは異なる切り口の3ステップのプログラムです。

1歩目：広場さぷりでプレママ同士の

「コロナ禍に妊娠・出産・育児する家庭に向けて、第三者の活用が必要になると感じました。誰かの手を借りることが心の余裕になり、支援を通じた人とのつながりが孤立感・負担感を軽減します。ファミサポ併設の強みを活かして、預けるハードルを下げ、利用が地域への入口となり、予防的支援にも繋がります。」

　これからも、おやこの広場・広場さぷりでは、コロナ禍という嵐にも怯まない、家族の港（ポート）としての支援が続いていきます。

(2017（平成29）年6月取材当時)
(2022（令和4）年11月一部加筆)

妊娠期からの切れ目のない支援がスタート
日本のまん中、里山の地域子育て支援拠点

所 在 地●長野県上田市
運営主体●上田市

■ 父親も、働く母親も支援する運営体制
■ 土日祝も開設し年間約2万2000組
■ が利用

「日本のまん中、人がまん中、生活快適都市」を市政のキャッチフレーズにする上田市は、日本のほぼ中央、長野県東部に位置し、2006（平成18）年に上田市、丸子町、真田町、武石村が合併して誕生した人口16万人の中核市です。

避暑地軽井沢にも近く、戦国時代に真田氏が築城した上田城をはじめ市内に多くの文化遺産があることから「信州の鎌倉」とも呼ばれており、NHKの大河ドラマの舞台にもなったことから、観光で訪れる人も多い町です。

人口が集積する盆地部分は、2000メートル級の山々に囲まれ、千曲川など水量豊富な川が幾筋も流れ、美しい里山の景観をつくり出しています。

全国でも有数の晴天率の高い地域で、内陸部にありながらも冬の積雪も少ない穏やかな気候に、新幹線が乗り入れる交通の便のよさから、首都圏をはじめとする都市部からの移住促進にも積極的に取り組んでいます。

人口減少が課題となる地方自治体の例にもれず、上田市でも少子化は急速に進んでいます。平成18年度には1400人を超えていた出生数も、平成28年度には1138人と減少が続いています。核家族化や地域コミュニティの変化も進行するなか、2015（平成27）年に子ども・子育て支援新制度に基づき策定された「上田市未来っ子かがやきプラン」が、現在、推進されています。

上田市には7か所の子育て支援センターが設置されていますが、市が運営する「上田市中央子育て支援センターにじいろひろば（以下、「中央支援センター」）」はその中核施設で、上田市の親子の育ちを支えるネットワーク（図）にあるように、子育て支援と母子保健、子

図　上田市の親子の育ちを支えるネットワーク

育てサークルをはじめとする当事者団体、ボランティア活動などをネットワーク化するように位置づけられています。

　健康づくりと子育て支援の二つの機能を担う複合施設「ひとまちげんき・健康プラザうえだ」の2010（平成22）年のオープンとともに開設された中央支援センターは、月2日の平日の休館日を除き、土・日・祝日も含め、午前10時から午後4時まで開館しています。

　敷地には広い駐車スペースが設けられていることもあり、中央支援センターには、近隣住民だけでなく、市内各地からマイカーを走らせて多くの親子が来館しています。年間では約2万2000組が訪れ、1日の平均140人、多いときでは200人以上と市内で最も多く利用されており、バーコードによる受付システムを導入しています。

　土日祝日も開館していることから、働いていて平日に利用できない父親や共働き家庭にとって、中央支援センターは市内で唯一、休日も利用できる子育て支援センターとなっています。

　開放的で広々ゆったりとした環境は父親たちにも好評で、特別なプログラムがなくても、利用者の約半分を父親が占める土日も珍しくありません。

「遊びのひろば」から広がった
上田市の地域子育て支援

　上田市の地域子育て支援は、2000（平成12）年に南部地区で取り組まれた「出張遊びのひろば」に遡ります。その取り組みは親たちの間で話題になり、2年後には塩田中央地区でも実施されました。

　地域に居場所を求める親の声や子育ての孤立化、全国的な地域子育て支援の高まり、そして国の事業化などの動向を受けながら、やがて「常設遊びのひろば」が保育園に併設され、市内で広く実施されるようになりました。

　2008（平成20）年には4か所の児童センター等にも「常設遊びのひろば」が設けられ、市の委託事業となり、現在でも6か所の子育てひろばと1か所の子育てサロンが児童センターなどで実施されています。

　「中央支援センターでは、神川地区公民館で週1回「出張遊びのひろば」を実施しています。神川地区公民館は中央支援センターからさほど遠くはないのですが、移動手段のない地域の方や、こじんまりと小規模な交流を好む親子さんなど毎回7・8組が利用されています。アウトリーチにはアウトリーチのよさや特徴があり、選択肢が広がることはそれだけ多様な親子やニーズを受け止めることができると考

えています。

　仕事と子育ての両立や女性の活躍が社会的な要請になるなか、上田市でも育児休業中に拠点を利用する母親や求職活動に意欲的な母親が増加しており、子育て講座の交流場面などで、「育休中です」「仕事を探しています」といった発言をよく耳にするようになりました。

　データはとっていませんが育休中の利用は確実に増えている実感があります。相談事業の一環としてにじいろひろばでも、長野県の事業ですが就労相談を実施しています。「子どもを連れて職安に行くのは負担だけれど、にじいろひろばで子どもを遊ばせながら就職の相談ができるなら」と好評です。

　ニーズが高く、一人ひとりの相談時間が1時間を超えるようなことも多いため、託児など実施体制を整える必要を感じています。お母さんたちの関心はとても高い相談事業ですので、拠点としての環境を維持しながらニーズに応えていきたいと考えています。」とスタッフが話してくださいました。

■ 環境設定、そしてサポーターの育成
■ ワンストップを活かした
包括支援の始まり

　中央支援センターは「ひとまちげんき・健康プラザうえだ」の建物1階ロビーを入った、明るく開放感のある場所に設けられています。

　開設前に各地の先駆的な地域子育て支援拠点を視察してまわり、環境づくりを学んだスタッフがこだわった空間は受付に立つと全体が見渡せ、遊具や棚やクッションなどが巧みに配置されて子どもの動線と親の視線、そして職員の視野がうまく計算された構造になっています。子どもは目に入ったものに動いていくので、入り口は全体が見渡せるようにし、遠くに興味関心を引く物を置いています。広々としているので自然と幼児は動きがダイナミックになります。赤ちゃんのスペースが安全に守られるようマシュマロクッションを配置するなど改善を重ねています。

　環境が親子に与える影響は大きいため、安心して遊べるだけでなく、空間が与える機能も考えて環境設定を重視しています。

　安全を担保したい乳児と活発化する幼児の遊びの両立、子どもの月齢と興味関心を刺激する遊具や絵本の配置、親たちが自然と膝を寄せて語らう空間づくりなど、居場所としての拠点の環境設定には試行錯誤が続けられています。

　上田市では子育てサポーター養成講座を平成16年度から実施しており、文部科学省としての事業が終了した現在も、市の単独事業として継続しています。講座の企画から実施までを子育て・子育ち支援課と中央支援センターで協同し、子育てひろばや子育てサークルなどでのボランティア活動を視野に、実習も含めたカリキュラムを毎年提供しています。

　これまでの総受講者は345人に上り、

現在は90名ほどが実際にボランティアとして活躍しています。

　子育て中の方、子育てがひと段落した方、退職された方と、幅広い市民が受講できるようにしており、ボランティアとして活動していただくことが主眼ですが、ご自身の子育てや孫育てに活かしたり、いまの時代の子育てに理解と支援の気持ちをもった方を地域に育成することも、大切な役割であると考えます。

　子育てサポーターの活躍は、上田市の地域子育て支援のさまざまな事業を支えており、なくてはならない存在となっています。

　健康づくりと子育て支援の二つの機能を担う複合施設の「ひとまちげんき・健康プラザうえだ」には、地域子育て支援拠点事業を所管する子育て・子育ち支援課のほか、保育課や健康推進課、総合保健センターや発達相談センターも配置され、子育てに関する行政部署や資源が集積された、いわゆる"ワンストップ・サービス"の体制が整っています。

　平成27年度からは中央支援センターのにじいろひろばに子育て支援コーディネーター2名が月曜日から金曜日の開設時間内に常駐して活動を始め、妊娠期からの切れ目のない子育て支援に向けた取り組みがスタートしました。

　平成28年度からは、健康推進課に母子保健コーディネーターが配置され、子育て世代包括支援センターが新たに設置されました。

■ きめ細かな研修で職員の資質を向上
■ 困ったときには、ガイドライン

　中央支援センターでは、未就園児とその保護者が気軽に訪れ自由に遊び、ゆっくりとすごせる「にじいろひろば」のほかに、次の事業に取り組んでいます。

① 子育て支援センター事業
　・子育て講座
　・親子教室
　・出張広場
　・ボランティアの受入れ
　・子育て支援センター通信発行
② 子育てサポーター事業
③ 子育て家族応援事業実行委員会
④ 保護者向け講座
⑤ スタッフ研修

　これらの事業を担う子育て・子育ち支援課には20名の保育士がおり、中央支援センターと直営の5か所の子育てひろばを担当しています。20名のうち中央支援センターにじいろひろばの担当は8名で、そのうち市の正規職員は2名です。それ以外は5年という任用期間のある非常勤職員です。

　子育て支援は対人援助職ですから、経

験豊富なベテラン職員を配置したいところですが、5年という限られた期間のなかで、恒常的に人材育成に取り組む必要があると考え、中央支援センターでは研修に力を注いでいます。ひろばごとの週1回のミーティングに加え、直営ひろばでは2か月に1回のスタッフ研修を、全ひろばでは年2・3回のスタッフ研修を実施しています。

5年未満の職員が多くを占める拠点事業のなかで、職員が共通の指針として最も重視しているのが、「地域子育て支援拠点の活動の指標　ガイドライン」です。親子をまるごとありのままに受け止め、スタッフ間の連携を大切に、「困ったときは、ガイドライン」が合言葉となっています。

(2017（平成29）年6月取材当時)

● 0・1・2・3才とおとなの広場　遊モア

まちづくりの要として地域子育て支援を広げる

所 在 地●愛知県名古屋市
運営主体●認定 NPO 法人子育て支援の NPO まめっこ
理 事 長●丸山政子さん（取材当時）

暮らしやすい水と緑のまち
名古屋市北区

　名古屋市北区は、名古屋の北の玄関としてこれまでも都市の発展に重要な役割を担ってきました。名古屋市の人口は230万人で16区あるなかで北区は上位の約16万3000人。名古屋城の城下町で、神社仏閣が多く古い町並みが残る一方で県庁や市役所がある中区にも隣接しているため、公務員住宅や公営住宅などの大規模団地も多く、転勤族が多く住む区です。また、大小河川が流れ、川のほとりでは、春になるとたくさんの桜が咲き乱れ、自然豊かな「水と緑のまち」として人々に親しまれています。1年間の出生数は約1300人、合計特殊出生率は1.34で市内平均値とほぼ同様で、近年は高齢化率が高まっている地域です。

歴史ある商店街で
スタート

　地下鉄名城線に沿うように南北に延びる柳原通商店街は、1962（昭和37）年に愛知県初、全国でも2番目に振興組合として登録された由緒ある商店街で、現在でも昭和の香りが残っています。NPO法人子育て支援のNPOまめっこ（現在

は認定NPO法人）の理事長・丸山政子さん（取材当時）は、遊びの場や親同士の交流の機会を提供しようと「まめっこ親子教室」を1993（平成5）年から運営してきましたが、この柳原通商店街と縁があって2003（平成15）年7月に商店街のなかに「0・1・2・3才とおとなの広場　遊モア」を開設しました。

　広場を開設するにあたり、商店街を選んだ理由は、生活する場であり働く場である商店街に子育て広場があることで世代間の交流・地域の人のつながりが生まれ、子育ての孤立や閉塞感を払拭してくれる可能性に期待したからだそうです。開設には、経済産業省の経済産業コミュニティ施設活用商店街活性化事業の補助金を活用することができました。当時はこの補助金が子育て支援に初めて活用されたことが話題となり、大々的にメディアに取り上げられました。

子育て世代への理解を
商店街と連携して深める

　鳴り物入りでのスタートではありましたが、商店街の方々からは、非営利の親子の交流拠点に対して十分な理解が得られたわけではなかったそうです。当初

は、「もうかるのかい？」「親子で１日す
ごすなんて優雅なものだね」と言われた
そうです。しかし、商店街の女将さんた
ちの「自分たちの子育てのときにもこん
な場所がほしかった」という後押しと協
力を得て、イベントを開催するなど交流
を深め、少しずつお互いを理解しあうな
かで商店街にはベビーカーでやってくる
親子が多く見られるようになり、まちの
活性化に寄与する場面も増えてきたそう
です。

　具体的には、商店街に隣接する公園を
利用しやすくするため、母親、商店街、
名古屋市緑政土木課とともにより遊びや
すい公園作りを提案するためのワーク
ショップを開催。段差が多かった商店街
の歩道を改善するため、母親たちとベ
ビーカーを押しながら人にやさしい街
マップ作りを行って行政に提案、歩行し
やすい環境整備につながりました。特に
印象深いのは、昔ながらの商店街のお祭
りを一変させたこと。夏だけでなく冬の
お祭りとして、子どもも大人も楽しめる
企画を提案。商工会議所からの応援をも
らい、商店街の通りを全面通行止めにし
て、道路全面に落書きアートを行ったこ
ともあります。このように、商店街の運
営側にもかかわったまめっこは、商店街
という地域資源を活かして活動の幅を広
げてきました。現在、商店街には「遊モ
ア」のほかにNPO法人が運営する施設
が３か所あり、若者の参画など新しい風
が入っています。

昼食時の様子

■ 合言葉は
"親も子も主人公"

　まめっこが運営する「名古屋市地域子
育て支援拠点　遊モア」は、気軽に利用
できホッとできる子育て広場です。ス
タッフも親子も一緒になって遊んだり、
食事をしたり、悩みを相談し合ったり、
誰もが対等な関係をつくれる場を意識し
てつくっています。しかし、子育てはい
つも楽しいことばかりとは限りません。
専門的なフォローが必要な悩みに対応す
るため、「遊モア」では地域の助産師・
保健師などの専門家の相談日も設けてい
ます。ホッとでき、楽しく遊べるだけで
なく、親子ともにリラックスした場所で
気軽に専門家への相談もできる広場、そ
れが「遊モア」です。

　そんなまめっこの合言葉（理念）は、

"親も子も主人公"。女性の継続就労の環境が徐々に整備されてきたとはいえ、いまだに日本の性別役割分業は根強く残っています。少子化や核家族化をはじめ、地域社会の連帯が薄れるなかで、子育て家庭の育児不安や孤立感、閉塞感は解消されていません。だからこそ、まめっこでは、子どもの命を守るために、親も子も一人の人間として尊重しつつ、地域ぐるみで子育てを支え合えるつながりをつくることを大切にしています。

丸山さんは、1998（平成10）年にフランスの「緑の家」という意味をもつ「ラ・メゾン・ヴェルト」、2001（平成13）年には、カナダの「ファミリー・リソースセンター」を視察に行き見識を深めています。「ラ・メゾン・ヴェルト」は、3歳までの子どもの社会化を促すための保育所・幼稚園との中間的な施設として、フランスの子どもの精神分析の草分けであるフランソワーズ・ドルトの提唱により1979（昭和54）年パリで誕生しました。専門職への相談の場ではなく、親同士が交流するなかで子育てに対する安心感を得て自信をもち、自立を促す場として開設されています。相談できるスタッフは3人体制で、必ず男性が入っているそうです。遊モアには、「ラ・メゾン・ヴェルト」の特徴的なメッセージが込められた「鏡と脚立」が用意されています。子どもが脚立の階段を登るという成長発達を確認しながら、鏡を見ることで親も子も独立した大切な存在であることに気づいてもらうためです。移民

の国カナダの子育て支援では、「誰もが虐待してしまう可能性がある」ことを前提に予防的支援に力をいれています。このような先進事例を見聞きしながら、まめっこは親が孤立から解放されて子育てに自信をもち、親子が遊びを通じて人とのかかわり方を学ぶ、"親も子も主人公"の子育て支援を展開してきました。

■ まめっこの原点を引き継ぐ、親と子の教室「モアファミ」

"親も子も主人公"という理念を伝えるプログラムの一つとして行ってきた「まめっこ親子教室」を、2009（平成21）年に閉鎖。それを引き継ぐかたちで、親と子の教室「モアファミ」を2010（平成22）年から遊モア柳原で再開し、パパも参加できるように日曜日に開催しています。平成29年度は年3回コースで実施、臨床発達心理の専門家、保育士、教師などの理事やスタッフを中心に行っています。

「モアファミ」で重視しているのは、親にとっても子にとっても"ホッ"とできる場になること、そして、親も子も主人公としてすごせることです。内容の柱は、"あそび"と"ディスカッション"。"あそび"は、子どもも大人も"好きなことを見つけて自由に遊ぶ"が基本で、遊具の設定は子どもの創造力を豊かに育めるよう、こだわっています。「模倣遊び」「五感の体験」「皆で遊ぶ」を軸に、子どもはもちろん、親も積極的に参加してもらい、遊びを一緒に楽しみます。

日常の親子の交流の様子

"ディスカッション"は、毎回、スタッフがファシリテーターとなり、テーマを設けて参加者が話し合います。内容は「自分のこと、子どもの成長、家族のこと」など。他の人や家族の話を聞いたり、自分の考えを話したりするなかで、自分自身や子育てを見つめ直すきっかけを見つけることもできると参加者には好評です。

子育て支援は まちづくり

丸山さんは、乳幼児とその親が安心してつながる場・交流する場の地域子育て支援拠点事業を核としながらも、地域の多くの関係者をよい意味で巻き込みながら、行政、企業の支援を受けながら幅広く活動してきました。その思いは、「子育て支援はまちづくり」という信念です。地域社会が子育てや働く人々にとってやさしい環境になるように社会を変えていきたいとの強い思いがあります。特徴的な事業活動として以下の三つをあげています。

① あおぞら広場

2010（平成22）年にまめっこと児童館の協働事業としてスタートした「あおぞら広場」は、地域の公園で親子と支援者が出会うきっかけづくりの場となっています。「あおぞら広場」は学区の民生委員・主任児童委員の協力のもと、現在は児童館（北区社会福祉協議会）が主体となって開催しており、地域子育て支援拠点と親子をつなぐ重要な活動の一つとなっています。「あおぞら広場」への参加は予約不要、自由参加が基本。遊モアを利用していた親たちを中心にまめっこの活動をサポートする「まめっこボランティア」の活動の場にもなっています。2016（平成28）年からは児童館との共同開催に加え、まめっこの単独開催も開始。拠点で待っているだけではなく、地域に出向くゆるやかなアウトリーチ型の支援でもあり、地域の支援者と信頼関係を築く大切な機会でもあります。日常のくらしのなかで子育て家庭に地域の情報を届けることの重要性や、遊びを通して人とのつながりや交流をサポートすることの重要性を、地域のネットワークで共有できているからこその事業といえます。

② 家族の絆レストラン

「家族の絆レストラン」は、レストランを貸し切って、「パパのクッキング」「夫婦だけのランチタイム」「相互子育て体験」の三つの楽しさを一度に味わえるイベントです。夫婦で食事を楽しむ間の子どもの世話は、他の参加者家族がみんなで見合う仕組み。夫婦は食事をしなが

ら、「料理の感想」「お互いのいいところ」「感謝や愛」を伝え合うのがルール。家事や育児を手伝ってほしいけれど、夫にうまく伝えられないと悩む母親の声から、2012（平成24）年よりスタートした事業です。当初は商店街の飲食店を借りて実施していましたが、現在は大手企業の助成金を活用し、趣向を変えて継続して実施することで知名度もあがってきました。出産をきっかけに変化しがちな夫婦の関係を再度見つめ直す新しい提案がメディアにも注目されるなど、これからの展開が楽しみな事業です。

③ 多様なボランティア・研修の受け入れ

地域の中学校や高校生が夏休みを利用し参加するサマーボランティア、愛知県職員の2年目研修、看護学生の実習、特技をもった地域の人などさまざまな年代のボランティアを受け入れています。近年は赤ちゃんのときに「遊モア」を利用していた子どもが中学生になってボランティアに来てくれるなど、子育て支援が世代を越えてつながっていることに喜びを感じるそうです。子育てに直接かかわる人ばかりでなく、多様な年代・職業の人が子どもを真ん中に置いて交流できる場づくりを今後も意識的に取り組んでいきたいとのことです。

▌新たな展開へ
▌向けて

遊モアは、2003（平成15）年につどいの広場として開設されて以来、名古屋市の補助と利用料で運営費をまかなってきましたが、平成28年度より名古屋市の委託を受け、地域子育て支援拠点となりました。登録料・利用料が無料になったことで利用者は一気に3倍に増えたそうで、10年以上にわたり運営費等の捻出には苦労してきただけに丸山さんの喜びも大きいそうです。さらに、2015（平成27）年からは名古屋市の中核的子育て支援センターである「名古屋市子ども・子育て支援センター（７５８キッズステーション）」にもコンソーシアムの一員として参画。2016（平成28）年北区に二つ目、2017（平成29）年に三つ目の地域子育て支援拠点を開設し、2018（平成30）年には発達に不安がある親子のための広場事業、いこいの家事業も開始。2021（令和3）年には北区子育て応援拠点として、一時預かり事業も開始しました。2022（令和4）年5月に認定NPOも取得し、今後も名古屋市の子育て支援環境向上に寄与していくため、今までのつながりや長年の実績、経験を生かした活動を広げていきます。

（2017（平成29）年6月取材当時）
（2022（令和4）年11月一部加筆）

平成 29 年度住友生命助成事業　子育てひろばエッセイ＆フォト　作品集より

親も子も成長できる場

小倉 真由（大阪府）

息子は初めて訪れた子育てひろばに目を輝かせた。人見知りしない方だったが、私を振り返ることなく、ひろばの中心へ走っていき遊び始めた。なかなか遊びの輪に入れないわが子に優しく話しかけるママを見ると羨ましく思えた。物怖じせずその場に溶け込める子どもだと親は楽だが、置いてけぼりを喰らったような気になり、「自分は必要なのか」と愚問を巡らせたりもした。

よく行く子育てひろばでは月に一回、一時保育を行っている。ママの心のリフレッシュと、ママと離れることで得られる子どもの心の成長を応援してくれるもので、息子が2歳になった頃、この一時保育に申し込んだ。職員さんから「最初は泣きますが、すぐに泣き止んでお友達と遊ぶので心配ないですよ」と言われたが、私はちっとも心配ではなかった。息子はきっと私

の足元からパーッと走って行ってしまうだろう。当日、ひろばへ着くといつも通り遊び始めた息子に私は「あとで迎えに来るからお友達と仲良くね」と声をかけた。一瞬私を見たが何も言わずに遊び続ける息子に分かっていても少し寂しい気持ちになった。しかし、ひろばを出ようとした時「待ってー！」と息子が泣きながら追いかけてきたのだ。ひろばを出ても泣き声は聞こえ続け、初めての息子の様子に戸惑い、「本当に預けて良かったのか」と、お迎えの時間まで何も手につかなかった。恐る恐る迎えにいくと、息子はお友達と楽しそうに遊んでおり、私を見つけると「かあちゃま！」と笑顔で走り寄ってきた。離れても必ず戻ってくる、と子どもに話すことが大切だと職員さんから説明されていたのだが、その通り、息子は私が迎えに来るのを信じて待ってくれていたのだ。「電車で遊んだよ」「おにぎり残しちゃった」と一生懸命話す息子がたまらなく愛おしく、ぎゅうっと抱きしめた。

時間になると必ずママが迎えに来る。この安心感があるからこそ、子どもは思いっきり遊ぶことができる。あの日、私を振り返ることなく走っていった息子には、ママはいつも見守ってくれている、という確信があったのだと気付くことができた。ひろばの一時保育は、子どもだけでなく親の私の心も成長させてくれた。

巻末資料

地域子育て支援拠点事業における活動の指標「ガイドライン」 [改訂版]

01 地域子育て支援拠点とは

> 地域子育て支援拠点は、親同士の出会いと交流の場であり、子どもたちが自由に遊びかかわりあう場でもある。親は親で支えあい、子どもは子どもで育ちあい、地域の人たちが親子を温かく見守ることが、子育ち・子育てにおいては必要不可欠な経験となる。すなわち、地域子育て支援拠点は、親子・家庭・地域社会の交わりをつくりだす場である。

現代社会では、親同士が日常的に交流できる近隣関係や、子ども同士が群れて遊べるような場を見出すことは難しくなってきました。育児不安や孤立した子育てが問題となる中、親子が他者と出会い交流できる仕組みを意図的に再生することが求められています。地域子育て支援拠点には、子ども同士、親同士、さらには地域の様々な人たちと子育て家庭をつなぐ「架け橋」としての働きが期待されます。

厚生労働省が定める『地域子育て支援拠点事業実施要綱』においては、「一般型」「連携型」の2つの事業類型を設け、両方に共通する4つの基本事業を規定しています。

> ア　子育て親子の交流の場の提供と交流の促進
> イ　子育て等に関する相談、援助の実施
> ウ　地域の子育て関連情報の提供
> エ　子育て及び子育て支援に関する講習等の実施（月1回以上）

このように、地域子育て支援拠点は、単に親子が集う場を提供するだけでなく、子育てに関する相談や情報提供などを行ったり、親子の交流を通して親同士の支えあいや子ども同士の育ちあいを促すような働きが求められています。これらの基本事業は、地域子育て支援拠点における中心的な取り組みであり、

法令順守の観点からも支援者は適正な実施に努めなければなりません。

　また、基本事業だけでなく、地域支援の視点に立って、地域の連携や交流を図るなどの活動に取り組むことも期待されています。妊娠期から子育て期まで切れ目のない支援体制を構築するためには、公的な制度に位置づけられた他の子育て支援事業や母子保健事業などとの連携はもちろんのこと、民間の自発的・自主的な子育て支援の取り組みにも目を向けて、地域全体で子育てを支える拠点としての機能を担うことが重要です。

※親とは主に父や母を指すが、祖父母・その他の養育者なども含む

02　基本的な考え方

> 　子どもの育ちも子育ても、家庭の中で完結する営みではなく、様々な人たちとのかかわりを通して促される。地域の人たちの支えを得て、親子が豊かに生活できる環境をつくり出すことが、子どもとその家庭全体の福祉の向上につながる。

　地域子育て支援拠点事業は、子どもの健やかな育成と生活保障を理念に掲げる「児童福祉法」に位置づけられた社会福祉事業です。児童福祉法では、地域子育て支援拠点事業について以下のように規定されています。

「乳児又は幼児及びその保護者が相互の交流を行う場所を開設し、子育てについての相談、情報の提供、助言その他の援助を行う事業をいう。」

　また、子どもの権利条約（1989年国連採択）に示された「子どもの最善の利益の優先」は、児童福祉、母子保健、教育などの様々な分野で重視されるようになっています。地域子育て支援拠点においては、親及び子どもの性別、出身地、民族、国籍、障害などにかかわらず、親子の交流や地域交流を通して、子どもが健やかに育まれることを"子どもの利益"ととらえます。また、子どもだけでなく、親も支えを得て、子育てに取り組む意欲や自信を高めていくことが、親子の関係性と家庭生活の安定につながります。

　これまで述べてきた内容については、以下のようにまとめることができます。

① 個々の子どもの個性や可能性が認められ、尊重されること。
② 親が支えを得て子育てに取り組むことができ、子どもに向き合うゆとりと自信を持てるように支援すること。
③ 親子の関係性、そして様々な人たちとの関係性のなかで、子どもが他者への信頼感を高められるように支援すること。
④ そのような関係性の中で子どもと親の孤立・孤独を回避し、自己肯定感を高め、豊かに生活できる環境が創造されること。

　子育てをめぐっては、児童虐待、貧困、ひとり親家庭、子どもの障害や外国籍の家庭への対応など、多様な福祉的課題が顕在化しています。また、父親不在の育児が課題となる中、父親の育児参加を促すためにパパプログラムなどの支援に取り組むことも求められます。地域子育て支援拠点は、子育てを行う家庭の多様性を視野に入れつつも、それぞれの地域ではどのような課題への対応が急務となっているかについても把握し、拠点における取り組みの内容や地域連携のあり方について検討することが求められます。

03 支援者の役割

> 　支援者に求められる役割は、親と子どもの最大の理解者であり、日常生活における身近な「話し相手」「遊び相手」であり、地域の人と人との関係を紡ぎだすことである。
> 　支援者は利用者を温かく迎え入れ、利用者同士がお互いに支えあい、育みあえる関係づくりに取り組むことが重要である。また、他の専門職との連携やネットワークづくり、ボランティアとの交流など、積極的に地域交流の可能性を拡大するようにも努めること。

1) 温かく迎え入れる

　地域子育て支援拠点に初めて訪れる際には、誰でも期待と同時に、自分が受け入れてもらえるかという不安や、初めての場・人に出会うことへの緊張感を経験します。支援者が日常的な挨拶と笑顔を絶やさずに迎え入れることは、緊張を緩和するだけでなく、不安を乗り越えて来所してきた利用者に対して敬意を示すことにもなります。

2）身近な相談相手であること

　支援者は日頃から個々の利用者とかかわり、気兼ねなく相談に応じられる態度で接することが大切です。利用者は支援者の人柄にふれるにつれて、次第に親近感や信頼感を抱くようになります。利用者から個別に相談を求められたときにも、自分の意見を述べるより、まずは相手の話にじっくりと耳を傾けることが基本となります。

3）利用者同士をつなぐ

　地域子育て支援拠点では、同じ立場にある親同士の支えあい、子ども同士の育ちあいを促すことが大切です。ただし、利用者によっては集団に馴染めなかったり、日々利用者の顔ぶれが変わる中で既成の集団に入りにくい場合も生じます。したがって支援者には、利用者集団の動きをよく把握し、必要に応じて利用者同士を紹介したり結びつける役割が求められます。

4）利用者と地域をつなぐ

　地域子育て支援拠点の働きとして、親子の成長を見守ることができる環境づくりに取り組むことは重要です。そのためには、世代を超えた地域の人たちがボランティアとして活躍できる機会をつくりだし、積極的に地域交流を図ることが求められます。また、必要に応じて他機関・施設との連携を図りながら支援を行うことも重要です。

5）支援者が積極的に地域に出向く

　地域子育て支援拠点について知らなかったり、利用に際してためらいや不安があるために、支援につながることが難しい人もいます。支援者が子育てサークルや乳幼児健診などの親子が集まる場に出向き、自ら知り合うきっかけをつくることで利用を促すことも大切です。

04 子どもの遊びと環境づくり

　普段から親子だけで過ごしがちな幼い子どもが地域の大人と触れ合ったり、子ども集団の中で自然かつ自発的な育ちあいが促されるように配慮することは大切である。そのためには全員参加型の活動や、親子合同のプログラムのみに終始せず、子ども同士のかかわりを見守ったり、地

域交流の中で遊びや活動を創造できる環境づくりにも努めること。

1) 子どもを受容する

　子どもは生まれたときから独立した人格を持つ存在であり、一人ひとりの性格や発達の様子に差が見られるのも自然なことです。子どもたちは周りから受け容れられ、日々の生活の中で安心・安定して過ごすことを欲しています。まずは、子どものありのままの姿を見つめ、"感じていること""していること"に共感しつつ、可能性を広げていくことが大切です。

2) 子どもにとって"快"な場所であるように配慮する

　地域子育て支援拠点では、子どもにとって居心地がよく、活動の内容も個々の子どもの興味や関心を大切にしながら発達に応じた環境設定が求められます。安全を確保しながらも、おもちゃ棚等でスペースを区切るなどコーナーに分けることで、子どもが自分の意思で遊びを選択し、ゆっくり遊びこめる環境をつくるなど、拠点全体のゾーニング等への配慮が欠かせません。支援者が受容的にかかわることはもちろん、できるだけ閉塞感がなく活動しやすいように、部屋の明るさや遊具の配置に工夫を凝らすことも大切です。

3) 子どもが様々な人たちとかかわる機会をつくりだす

　普段は親子で過ごすことが多い幼い子どもたちにとって、他の親子や地域の人たちとかかわりあう機会をつくりだすことは、子どもの情操や社会性を豊かに育むために大切です。また同時に、子どもにとって充実した時間を過ごせることは親にとっても喜びであり、子どものために地域子育て支援拠点を継続的に利用することにもつながります。

4) 子どもの自発的な遊びや他者とのかかわりを大切にする

　子どもが安全に過ごせるように親に注意を促すことは必要ですが、常に"目を離さないように"求めることによって、子ども同士の関係性に親が過剰に介入することも起ってきます。また、個々の子どもの自発的な遊びよりも、支援者によって決められたプログラムが優先される場合には、せっかく芽生えてきた自発性が萎縮してしまう場合もあるでしょう。したがって、地域のボランティアの協力を得ながら、親の保護を離れて子ども同士で安全に遊ぶことができるように見守ったり、親以外の大人とかかわりあう時間をつくることは大切です。

05 親との関係性

> 　利用者は個別の相談援助だけでなく、"日常的な話し相手"というような対等な関係を求めている。ただし、支援者はその立場ゆえに、ともすれば親を「子育てについて未熟な人」と見なし、指導的な役割に傾斜する傾向があることを自覚しなくてはならない。支援者は日頃から個々の利用者理解に努めるとともに、相互理解を通して信頼関係の構築を目指すこと。

1) 普段からのかかわりを大切にする

　支援者はできる限り利用者集団の中に身を置き、親子とかかわる時間を設けることが大切です。支援者のほうから、何気ない日常的な会話を通して対等な関係をつくりだすことが、相互の信頼感を深めるための重要な手段となります。

2) 手助けを求められる関係性

　地域子育て支援拠点には、「話し相手がほしい」「子育ての仲間をつくりたい」「子どもの友達を見つけたい」など、様々なニーズを持った人たちが訪れます。したがって、利用者がいつでも支援者に手助けを求めることができるように、水平・対等な関係を築くことが大切です。また、子育ての悩みや不安を親が一人で抱え込まないように、それらを気兼ねなく相談できる関係を築くことも重要です。親にとって身近に感じられる支援者の存在は、子どもの虐待やネグレクトなどの問題を未然に防ぐ「第一次予防（発生予防)」の働きを担う場合があります。

3) 生活の背景を理解する

　利用者が地域子育て支援拠点で過ごす時間は、親子の生活の一部に過ぎません。活動の中では明るくふるまっている利用者でも、家庭に帰ると異なる様子で過ごしている場合もあります。支援者には、利用者との日常的な会話や態度などの様子を通して、家庭での子育てや日常生活の状況についての情報を得て、個々の生活背景の理解に努めることが求められます。

巻末資料

4）自己覚知に努める

　支援者は専門的観点から、あるいは自身の子育て経験に基づいて利用者を見るために、親の未熟な面を見出し、指導的にかかわる場合があることを自覚しなくてはなりません。指導的な関係は、ときには利用者の過度な依存をもたらしたり、親としての不全感を高めてしまう可能性があります。したがって支援者は、日頃から自身の考え方やふるまいを意識的に見つめ直し、支援者としての自分への気づきを深めることが大切です。

06　受容と自己決定

> 　「受容」「自己決定」については最大限に尊重されなければならない。利用者から相談を求められたときには、十分に話を聞くことによって悩みを理解し、その軽減や解決のために必要な情報を提供したり、選択肢をともに考えることを通して、自己決定を促すように努めること。

1）受容と共感的態度

　利用者が相談を求めてきたときには、話に耳を傾けて胸の内にある気持ちを自由に表現できるようにし、受容的・共感的態度で接することが基本です。たとえ特別なアドバイスがなくても、不安、焦り、悲しみなどの負の感情を含めて、自分の気持ちや悩みを分かちあってくれる人を得るだけで支えになる場合があります。

2）利用者に寄り添い、ともに考える

　支援者は利用者の悩みに寄り添い、その軽減や解決に向けた方法をともに考えることが大切です。そのためには、支援者の指示や判断を示すことよりも、むしろ親や子どもの力を信じ、最大限に引き出すことが求められます。支援者に支えられながらも、最終的に利用者自身が導き出した意思決定を尊重することは、成長を促す重要な機会になります。

3）子どもの個性を尊重する

　乳幼児期の発達には個人差が認められる場合が多々あります。支援者には、乳幼児期の発達の道筋や順序性など一般的な特徴を理解しつつも、子どもの発達の様子をありのままに受けとめ、一人ひとりの発達の歩みに寄り添っていく

姿勢が求められます。このように支援者が子どもの個性を尊重し、親とともに子どもの成長を見守っていくことが、親に対しても安心感を与えます。また支援者は、子どもが自発的に遊びを選択できるように環境を整え、子ども自身の興味や関心に共感的にかかわることも大切です。

07 守秘義務

> 親・子どものプライバシーについては、話された情報や記録等の媒体の扱いに注意し、他者（利用者、専門職を含む）に公表する必要がある場合には、本人の了解を得ること。また、ボランティア等の地域の協力者とも個人情報の保護や情報管理、守秘義務についての共通理解やその範囲について統一の見解を共有すること。

1) 地域子育て支援拠点事業における守秘義務

地域子育て支援拠点事業実施要綱には、以下のように守秘義務が規定されています。

「事業に従事する者（学生等ボランティアを含む）は、子育て親子への対応に十分配慮するとともに、その業務を行うに当たって知り得た個人情報について、業務遂行以外に用いてはならないこと」

不特定多数の利用者が訪れる地域子育て支援拠点では、記録等の保管・管理に加え、広報紙・通信やホームページ上での情報の扱いについても十分に配慮する必要があります。ただし、守秘義務の対象となる個人情報の範囲を厳密にとらえる余り日常会話の中でも絶えず気遣いをするようになると、支援者だけでなく、ボランティア等の協力者も活動しにくくなります。まずは本人の了解を得ることを基本とし、利用者、支援者、ボランティアを含めた関係性の中で守秘義務が要求される状況を想定し、最低限のルールを示すことが大切です。

2) 専門職との連携における配慮

子育ての悩みや不安を解決するために他の支援を活用することが妥当だと考えられる場合、その必要性を利用者に説明し、できる限り本人の了解を得てから専門職間で情報を共有することが重要です。

3) 守秘義務が適用されない場合

　「児童虐待の防止等に関する法律」の規定では、虐待を受けたと思われる子どもを発見した者は、児童相談所または福祉事務所に通告することとなっています。この場合、実施要綱における守秘義務規定も、また各専門職に課せられた守秘義務も適用されません。利用者への対応に迷う場合には、まずは児童相談所や福祉事務所の担当者と相談することが必要です。このような深刻なケースへの対応を想定し、普段から関係機関との連携を深めておくことも重要になります。

08 運営管理と活動の改善

　事故やけがの防止と対応、衛生管理等については一定の方針を明確にし、十分に配慮すること。併せて、運営管理面や活動のあり方については、定期的に利用者の意見を聞いたり、ボランティア等の協力者とともに話し合う場を設けて、常に支援者以外の評価に基づく改善の機会を確保すること。

1) 運営管理面の方針を明確にする

　けがや事故の際の救急対応の方法、それらが起こらないような設備面での工夫や運営側の責任についての方針を明確にすることは重要です。ただし、過剰になりすぎると禁止事項ばかりが増えて、利用者にとって居心地のよくない場所になったり、親や子どもが自ら危険回避する力を奪ってしまったりする場合もあります。安全面と居心地のよさのバランスを図るためには、利用者の意見も聞きながら、運営管理面の方針を作成し、定期的に見直すことが大切です。

2) ともに運営や活動を見直し改善する機会を設ける

　災害時の安全確保や避難方法などについては、利用者やボランティアとも話し合い、お互いの協力のもとに定期的な避難訓練などを実施することが大切です。また、運営管理面だけでなく、支援者の対応や活動内容に関しても、利用者やボランティアの意見を聴く機会を設けて、日頃から支援の向上に努めることが重要です。

3）継続的に業務改善に取り組む

　運営管理や活動内容等については、年に1回はその成果を総括し、次に取り組むべき課題を見出すなどの点検作業を通して、継続的な業務改善に努めることが大切です。なお、社会福祉分野においては、「PDCAサイクル」に基づく事業評価や業務改善の手法が注目されるようになっています[1]。この場合、支援者側の自己評価にとどまらず、利用者に直接意見を聴いたりアンケートを行うなど、利用者側の視点に立って評価・改善に取り組むことが求められます。また、支援者でも利用者でもない公正・中立な立場の専門家などによる「第三者評価」も求められるようになっています。

4）記録を適切に作成する

　日々の支援に関しては、個別に相談に応じたケースの記録だけでなく、日報や活動記録などを作成し、支援の検証や改善につなげていくことが大切です。

09　職員同士の連携と研修の機会

> 　日頃から施設・団体内で職員間の連携を図り、必要な情報を共有し、支援に際しての方針や役割分担等について共通理解を得ること。また、研修や学習会などの機会を積極的に活用し、支援者としての専門性の向上にも努めること。

1）職員同士のチームワークを高める

　地域子育て支援拠点事業では、「一般型」は2名以上の専従職員を配置し、「連携型」では1名以上の専従職員に児童福祉施設等の職員が協力することが定められています。このように、複数の職員が活動する事業では、相互にチームワークの向上に努め、同一施設・団体として支援の質を高めることが求められます。

2）ミーティングやケース会議の機会を設ける

　週1回程度、短時間でも職員間のミーティングの場を持つことで、相互に利用者理解を深め、活動のあり方を全員で見直すことは重要です。また、必要に応じてケース会議を行うことで、特定の支援者がケースを抱え込むことを避けたり、職員間で協力して支援を行うことも大切です。

---

[1]：PDCAサイクルとは、Plan（計画）→ Do（実行）→ Check（評価）→ Act（改善）のステップを繰り返すことにより、継続的に業務改善に取り組む手法。

3）研修の機会を活用する

　支援者としての資質を高めるためには、施設内での職員同士の研修だけでなく、外部の研修に積極的に参加することで視野を広げ、利用者へのかかわり方や活動内容を客観的に見つめ直す機会を得ることが不可欠です。

4）支援者を支援する

　特定のケースへの対応に関して、施設内の職員関係や、支援者自身の抱える問題などが影響を及ぼすことがあります。このような場合、支援者自身の成長を助けるために、職員（同僚）同士で話し合いの機会を持ったり、外部の専門家などにアドバイスを受ける機会を設けることが必要になります[2]。

2：特定のケースへの対応を検討したり、支援者の成長を促すために、管理職や専門家による助言・指導などを行う活動をスーパービジョンという。スーパービジョンには、同僚同士で行うピア・スーパービジョンもある。また、専門家を外部機関から招き、特定の領域の専門知識・技術に関して助言や指導を受けることをコンサルテーションという。

「ガイドラインに基づく自己評価表」及び
「利用者向けアンケート」の活用について

　社会福祉事業に関しては、各施設・事業所等において継続的に業務改善に努め、支援の質を向上させていくために、自己評価や第三者評価の実施が求められるようになっています。

　『地域子育て支援拠点事業における活動の指標「ガイドライン」』については、改訂版の発行に伴い、地域子育て支援拠点の支援者が自主的に自己評価に取り組むことができるよう、「ガイドラインに基づく自己評価表」（以下、自己評価表）を作成しました。また、利用者の視点から日頃の活動に対して評価をいただくことが業務改善に必要であることから、「利用者向けアンケート」も併せて作成しました。

(1) 自己評価表及びアンケートについて

● ガイドラインに盛り込まれた 01 〜 09 の内容について、別添の自己評価表ではそれぞれに 4 〜 6 個の評価項目を割り当てています。また、利用者向けアンケートでも内容ごとに 1 〜 5 個の項目を設けています。

● 自己評価表に関して 01 〜 07 は、おもに支援者自身の意識・行動面に目を向けて評価を行って下さい。08、09 については支援者個人より、むしろ拠点を運営する団体の業務について評価を行って下さい。

● 自己評価表、利用者向けアンケートを参考資料として添付します。それぞれの拠点施設において評価項目を追加するなど、柔軟にご活用いただければ幸いです。

(2) 評価の方法について

● 自己評価表の結果に基づき、支援者が所属する地域子育て支援拠点の活動の特徴や、支援者自身の実践における長所や短所について気づきを深めることができます。また、拠点施設内の支援者同士が各々の評価を突き合わせることで共通する課題を見出したり、支援者間で評価が異なる項目について話し合うことで、多面的な考察が可能になります。

● 利用者向けアンケートについては、項目別に「あてはまる」から「あてはまらない」の 4 段階評価に沿って回答件数を集計することなどにより、全体的な傾向を把握することができます。その結果、地域子育て支援拠点の活動に対する利用者の満足度や、利用者が改善を求めている点

などを見出すことができます。また、アンケートの自由記述欄なども参考にして、全体的な傾向だけでは測りきれない個別の意見についても目を向けることが大切です。

●ガイドラインの 01 ～ 09 の内容に沿って、支援者の自己評価の結果と、利用者のアンケート結果の傾向を比較してみましょう。支援者と利用者との間で評価が異なる内容や項目があれば、改めて利用者側の視点に立ってその理由を考えてみることも大切です。

⑶ 活動・業務改善に活かすために

ガイドラインの本体でも述べたように、社会福祉分野においては「PDCA サイクル」に基づく事業評価や業務改善の手法が注目されるようになっています。この PDCA サイクルを地域子育て支援拠点事業の業務・活動に当てはめると、下図のようになります。

Plan （計画）	Do （実行）	Check （評価）	Act （改善）
業務・活動に関する計画	計画に基づく日常的な業務や活動の実績	業務・活動のふり返りや評価	評価に基づく改善策の検討

自己評価表や利用者向けアンケートは、基本的に「Check」のステップで活用できるツールです。自己評価表やアンケートの結果は、次のステップの「Act」で改善策を検討する際の資料として活用できます。さらに、検討された改善策を「Plan」で新たに業務・活動計画に反映させることにより、「Do」で実質的な業務改善に結び付けることができるでしょう。

ガイドラインに基づく自己評価表

　日頃の活動の振り返りのために、下記の項目に沿って評価してみましょう。
4段階のいずれかに○を記入してください。

評価項目	あてはまる	だいたいあてはまる	あまりあてはまらない	あてはまらない
01　地域子育て支援拠点とは				
① 親子が集う場を提供し、親子の交流を通して親同士の支えあいや子ども同士の育ちあいを促している				
② 子育て等に関する相談や援助を行っている				
③ 利用者に対して子育てに関する情報を幅広く収集し、情報の提供を行っている				
④ 子育てや子育て支援に関する講習などを月1回以上実施している				
⑤ 地域支援の視点に立って、地域の連携や交流を図るなどの活動に取り組んでいる				
02　基本的な考え方				
① 親および子どもの性別、出身地、民族、国籍、障害などにかかわらず、すべての親子を支援の対象としている				
② 子ども一人ひとりの最善の利益を尊重している				
③ 親が支えを得て子育てに取り組み、子どもに向き合うゆとりと自信を持てるように支援している				
④ 子どもが様々な人たちとの関係性のなかで、他者への信頼感を高められるように支援している				
⑤ 親子の孤立を防ぎ、子育ての不安感を軽減するように努めている				
⑥ 子育てをめぐる多様な福祉的課題にも目を向け、地域の関係機関と連携しながら子育て家庭を支援している				
03　支援者の役割				
① あらゆる利用者に対して、日常的な挨拶と笑顔で温かく迎え入れている				
② 日頃から利用者とかかわり、気兼ねなく相談に応じられる態度で接している				
③ 利用者全体の動きをよく把握し、必要に応じて親同士・子ども同士を紹介し、結びつけている				
④ 世代を超えた地域の人たちがボランティアとして活躍できる機会をつくりだし、積極的に地域交流を図っている				
⑤ 子育てサークル・乳幼児健診などの親子が集まる場に積極的に出向き、拠点の利用を促している				

評価項目	あてはまる	だいたい あてはまる	あまり あてはまらない	あてはまらない
04　子どもの遊びと環境づくり				
① 子ども一人ひとりをありのままに受容している				
② 発達に応じて遊びこめるように、遊具の配置やコーナー分けに工夫をしている				
③ 決められたプログラムに終始せず、子ども同士の自発的な遊びやかかわりあいを促している				
④ 親が過剰に介入することなく、子どもたちが自由に遊べるように努めている				
⑤ 地域のボランティアなどとの交流を促し、子どもの社会性を豊かに育む環境づくりに努めている				
05　親との関係性				
① 利用者集団の中に身を置き、日常的に親子とかかわる時間を大切にしている				
② 利用者がいつでも支援者に手助けを求めることができるように、水平・対等な関係を築いている				
③ 利用者との日常的な会話や態度などの様子を通して、家庭での子育てや生活背景の理解に努めている				
④ 日頃から自身の考え方やふるまいを意識的に見つめ直し、支援者としての自己覚知に努めている				
06　受容と自己決定				
① 相談に際しては、相手の感情を受容し、共感的な態度で接している				
② 利用者の悩みを理解し、その軽減や解決のための方法をともに考え、最終的に本人の自己決定を尊重している				
③ 子どもの個性や発達を理解し、親とともに成長を見守っている				
④ 子どもの興味や関心に共感し、自ら遊びを選択できるようにかかわっている				
07　守秘義務				
① 地域子育て支援拠点事業実施要綱の守秘義務規定に基づき、利用者の個人情報を保護し、業務遂行以外に用いていない				
② 不特定多数の利用者が訪れる場であることをふまえ、相談の場の環境や記録等の管理について十分に配慮している				
③ 広報紙・通信やホームページ等での情報の扱いについて十分に配慮している				
④ ボランティア等の協力者にも守秘義務についての共通理解を求め、個人情報の範囲について共有している				
⑤ 「児童虐待の防止等に関する法律」に規定された通告義務を理解し、虐待の発見に備えて関係機関等との協力関係をつくっている				

評価項目	あてはまる	だいたいあてはまる	あまりあてはまらない	あてはまらない
08　運営管理と活動の改善				
① 事故やけがの防止、衛生管理、災害時等の対応を職員間で話し合い、運営管理面の方針を明確にしている				
② 運営や活動内容に関して、利用者やボランティア等の協力者と話し合う機会を設けている				
③ 利用者に直接意見を聞いたり、アンケートを行うなど、利用者側の視点に立って評価・改善に取り組んでいる				
④ 個別の相談に応じたケースの記録、日報や活動記録などを作成し、支援の検証や改善につなげている				
09　職員同士の連携と研修の機会				
① 職員同士が相互にチームワークの向上に努めている				
② 定期的にミーティングやケース会議を持ち、相互に利用者理解を深め、職員間で協力し、支援している				
③ 研修の機会を積極的に活用し、常に職員の資質と専門性の向上に努めている				
④ 支援者自身の成長を助けるために、職員間で話し合ったり、外部の専門家などの助言の機会を設けている				

利用者向けアンケート

　あなたが利用している地域子育て支援拠点について、下記のアンケート項目に回答して下さい。4段階であてはまるものに○を記入して下さい。

ガイドライン		アンケート項目	あてはまる	だいたいあてはまる	あまりあてはまらない	あてはまらない
01	1	親子が交流し、親同士が支えあったり、子ども同士が育ちあう雰囲気がある				
	2	子育て等に関する相談や援助が行われている				
	3	子育てに必要な情報が提供されている				
	4	子育てや子育て支援に関する講座などが月1回以上実施されている				
	5	地域の方々と交流を図る活動が行われている				
02	6	親および子どもの性別、出身地、民族、国籍、障害などにかかわらず利用できる				
	7	子どもの個性や可能性が認められ、尊重されている				
	8	この施設を利用することで子育てを支えられていると感じる				
03	9	挨拶と笑顔で親子を温かく迎え入れてくれる				
	10	子育ての悩みなど、気兼ねなく相談できる				
	11	親同士・子ども同士の仲間づくりなどを助けてくれる				
	12	高齢者や学生など、地域のボランティアが活動している				
04	13	子どもたちが遊びやすいように、遊具の配置やコーナー分けなどが工夫がされている				
	14	子どもたちが自らの興味や関心に沿って遊んだり、他の子どもとかかわりあうことができる				
	15	子どもたちが親以外の大人とかかわることができる				
05	16	職員は、普段から親子の交流の場にいて、かかわってくれる				
	17	いつでも職員に手助けを求めることができる				
06	18	職員に相談したときには、自分の気持ちや悩みを受け止め、共感してくれる				
	19	職員に相談したときには、解決方法を押し付けずに、親の考えを尊重してくれる				
	20	子どもの個性や発達を理解し、親とともに成長を見守ってくれる				

ガイドライン		アンケート項目	あてはまる	だいたいあてはまる	あまりあてはまらない	あてはまらない
07	21	広報紙・通信やホームページ等での情報の扱いについて配慮されていると感じる				
	22	相談する際のプライバシーが守られていると感じる				
08	23	事故やけがの防止、衛生管理、災害時等の備えがなされている				
	24	利用者に直接意見を聞いたり、アンケートなどを行い、業務の改善に取り組んでいる				
09	25	職員同士が協力しあっていると感じる				

● 自由記述欄 ●

地域子育て支援拠点事業における活動の指標「ガイドライン」[改訂版]
https://kosodatehiroba.com/pdf/guide.pdf

巻末資料

169

地域子育て支援拠点事業実施要綱
（平成26年5月29日付厚生労働省雇用均等・児童家庭局長通知）

注　令和3年3月26日子発0326第7号改正現在

1　事業の目的

　　少子化や核家族化の進行、地域社会の変化など、子どもや子育てをめぐる環境が大きく変化する中で、家庭や地域における子育て機能の低下や子育て中の親の孤独感や不安感の増大等に対応するため、地域において子育て親子の交流等を促進する子育て支援拠点の設置を推進することにより、地域の子育て支援機能の充実を図り、子育ての不安感等を緩和し、子どもの健やかな育ちを支援することを目的とする。

2　実施主体

　　実施主体は、市町村（特別区及び一部事務組合を含む。以下同じ。）とする。

　　なお、市町村が認めた者へ委託等を行うことができる。

3　事業の内容

　　乳幼児及びその保護者が相互の交流を行う場所を開設し、子育てについての相談、情報の提供、助言その他の援助を行う事業。

4　実施方法

　(1)　基本事業

　　　次のア～エの取組を基本事業としてすべて実施すること。（ただし、(2)の⑦に定める小規模型指定施設を除く。）

　　ア　子育て親子の交流の場の提供と交流の促進

　　イ　子育て等に関する相談、援助の実施

　　ウ　地域の子育て関連情報の提供

　　エ　子育て及び子育て支援に関する講習等の実施（月1回以上）

　(2)　一般型

　　①　事業内容

　　　　常設の地域子育て支援拠点（以下「拠点施設」という。）を開設し、子育て家庭の親とその子ども（主として概ね3歳未満の児童及び保護

者）（以下「子育て親子」という。）を対象として⑴に定める基本事業を実施する。

② 実施場所

　㋐ 公共施設、空き店舗、公民館、保育所等の児童福祉施設、小児科医院等の医療施設などの子育て親子が集う場として適した場所

　㋑ 複数の場所で実施するものではなく、拠点となる場所を定めて実施すること。

　㋒ 概ね10組の子育て親子が一度に利用しても差し支えない程度の広さを確保すること。

③ 実施方法

　㋐ 原則として週3日以上、かつ1日5時間以上開設すること。

　㋑ 子育て親子の支援に関して意欲のある者であって、子育ての知識と経験を有する専任の者を2名以上配置すること。（非常勤職員でも可。）

　㋒ 授乳コーナー、流し台、ベビーベッド、遊具その他乳幼児を連れて利用しても差し支えないような設備を有すること。

④ 地域の子育て拠点として地域の子育て支援活動の展開を図るための取組

　市町村以外の者が⑴に定める基本事業に加えて、子育て支援活動の展開を図ることを目的として、次の㋐〜㋓に掲げる取組のいずれかを実施するとともに、多様な子育て支援活動を通じて、関係機関や子育て支援活動を行っているグループ等とネットワーク化を図り、連携しながら、地域の子育て家庭に対し、よりきめ細かな支援を実施する場合について、拠点施設の業務を円滑に実施するため、当事業の別途加算の対象とする。

　なお、⑴に定める基本事業の運営主体が市町村であって、㋐〜㋓の運営を市町村以外の者への委託等によって行っている場合も当該加算の対象とする。

　㋐ 拠点施設の開設場所（近接施設を含む。）を活用した一時預かり事業（法第6条の3第7項に定める事業）またはこれに準じた事業の実施

　㋑ 拠点施設の開設場所（近接施設を含む。）を活用した放課後児童健全育成事業（法第6条の3第2項に定める事業）またはこれに準じた事業の実施

　㋒ 拠点施設を拠点とした乳児家庭全戸訪問事業（法第6条の3第4項

に定める事業）または養育支援訪問事業（法第6条の3第5項に定める事業）の実施

　　㈑　その他、拠点施設を拠点とした市町村独自の子育て支援事業（未就学児をもつ家庭への訪問活動等）の実施

　⑤　出張ひろば

　　　地域の実情や利用者のニーズにより、親子が集う場を常設することが困難な地域にあっては、次の㈏〜㈐に掲げる実施方法により、公共施設等を活用した出張ひろばを実施することができるものとし、この場合について別途加算の対象とする。

　　㈏　開設日数は、週1〜2日、かつ1日5時間以上とすること。

　　㈐　一般型の職員が、必ず1名以上出張ひろばの職員を兼務すること。

　　㈑　実施場所は、年間を通して同じ場所で実施することが望ましい。

　　　　ただし、地域の実情に応じて、複数の場所において実施することも差し支えないが、その場合には子育て親子のニーズや利便性に十分配慮すること。

　⑥　地域支援

　　　地域全体で、子どもの育ち・親の育ちを支援するため、地域の実情に応じ、地域に開かれた運営を行い、関係機関や子育て支援活動を実施する団体等と連携の構築を図るための以下に掲げるいずれかの取組を実施する場合に別途加算の対象とする。

　　　ただし、「利用者支援事業の実施について」（平成27年5月21日府子本第83号、27文科初第270号、雇児発0521第1号）に定める利用者支援事業を同一の事業所で併せて実施する場合には、同事業において措置することとし、加算の対象としない。

　　㈏　高齢者・地域学生等地域の多様な世代との連携を継続的に実施する取組

　　㈐　地域の団体と協働して伝統文化や習慣・行事を実施し、親子の育ちを継続的に支援する取組

　　㈑　地域ボランティアの育成、町内会、子育てサークルとの協働による地域団体の活性化等地域の子育て資源の発掘・育成を継続的に行う取組

　　㈒　本事業を利用したくても利用できない家庭に対して訪問支援等を行うことで地域とのつながりを継続的に持たせる取組

　⑦　配慮が必要な子育て家庭等への支援

　　　障害児、多胎児のいる家庭など、配慮が必要な子育て家庭等の状況に

対応した交流の場の提供や相談・援助、講習の実施等ができるよう、次の(a)、(b)に掲げる実施方法により、支援を実施することができるものとし、この場合について別途加算の対象とする。

(a) 開設日数は、週2日程度以上とすること。

(b) 専門的な知識・経験を有する職員を配置等すること。

⑧ 休日における育児参加促進のための講習会の実施への支援

両親等が共に参加しやすくなるよう休日に育児参加促進に関する講習会を実施した場合に別途加算の対象とする。

⑨ 経過措置（小規模型指定施設）

(ア) 内容

従来の地域子育て支援センター（小規模型指定施設）（以下「指定施設」という。）については、以下の通り事業の対象とする。

(イ) 実施方法

(a) 原則として週5日以上、かつ1日5時間以上開設すること。

(b) 開設時間は、子育て親子が利用しやすい時間帯とするよう配慮すること。

(c) 育児、保育に関する相談指導等について相当の知識・経験を有する専任の者を1名以上配置すること。（非常勤職員でも可。）

(d) 次のa〜cの取組のうち2つ以上実施すること。

a 育児不安等についての相談指導

来所、電話及び家庭訪問など事前予約制の相談指導、指定施設内の交流スペースでの随時相談、公共的施設への出張相談など地域のニーズに応じた効果的な実施を工夫すること。

また、子育て親子の状況などに応じて適切な相談指導ができるよう実施計画を作成するとともに、定期又は随時の電話連絡などによりその家庭の状況などの把握に努め、児童虐待など指定施設単独での対応が困難な相談は、関係機関と連携を図り共通認識のもと適切な対応を図ること。

b 子育てサークルや子育てボランティアの育成・支援

子育てサークル及び子育てボランティアの育成のため、定期的に講習会などの企画、運営を行うこと。また、子育てサークル及び子育てボランティアの活動状況の把握に努め、効果的な活動ができるよう活動場所の提供、活動内容の支援に努めること。

c 地域の保育資源の情報提供、地域の保育資源との連携・協力体制の構築

ベビーシッターなど地域の保育資源の活動状況を把握し、子育て親子に対して様々な保育サービスに関する適切な情報の提供、紹介などを行うこと。また、地域の保育資源及び市町村と定期的に連絡を取り合うなど、連携・協力体制の確立に努めること。

(ウ) 保健相談

(イ)の(d)aの取組に加えて、実施可能な指定施設は、子育て親子の疾病の予防、健康の増進を図るため、看護師又は保健師等による保健相談を実施することとし、この場合において、週3回程度実施する場合については、別途加算の対象とする。

(3) 連携型

① 事業内容

効率的かつ効果的に地域の子育て支援のニーズに対応できるよう児童福祉施設・児童福祉事業を実施する施設（以下「連携施設」という。）において、(1)に掲げる基本事業を実施する。

② 実施場所

(ア) 児童館・児童センターにおける既設の遊戯室、相談室等であって子育て親子が交流し、集う場として適した場所。

(イ) 概ね10組の子育て親子が一度に利用しても差し支えない程度の広さを確保すること。

③ 実施方法

(ア) 原則として週3日以上、かつ1日3時間以上開設すること。

(イ) 子育て親子の支援に関して意欲のある者であって、子育ての知識と経験を有する専任の者を1名以上配置すること。(非常勤職員でも可。)ただし、連携施設に勤務している職員等のバックアップを受けることができる体制を整えること。

(ウ) 授乳コーナー、流し台、ベビーベッド、遊具その他乳幼児を連れて利用しても支障が生じないような設備を有すること。

④ 地域の子育て力を高める取組

(1)に定める基本事業に加えて、地域の子育て力を高めることを目的として、中・高校生や大学生等ボランティアの日常的な受入・養成を行う取組を実施する場合について、別途加算の対象とする。

ただし、「利用者支援事業の実施について」（平成27年5月21日府子本第83号、27文科初第270号、雇児発0521第1号）に定める利用者支援事業を併せて実施する場合には、加算の対象としない。

⑤ 配慮が必要な子育て家庭等への支援

障害児、多胎児のいる家庭など、配慮が必要な子育て家庭等の状況に
　対応した交流の場の提供や相談・援助、講習の実施等ができるよう、次
　の⒜、⒝に掲げる実施方法により、支援を実施することができるものと
　し、この場合について別途加算の対象とする。
　⒜　開設日数は、週2日程度以上とすること。
　⒝　専門的な知識・経験を有する職員を配置等すること。
　⑥　休日における育児参加促進のための講習会の実施への支援
　　　両親等が共に参加しやすくなるよう休日に育児参加促進に関する講習
　会を実施した場合に別途加算の対象とする。

5　留意事項

⑴　事業に従事する者（学生等ボランティアを含む。）は、子育て親子への
　対応に十分配慮するとともに、その業務を行うに当たって知り得た個人情
　報について、業務遂行以外に用いてはならないこと。

⑵　事業に従事する者は、事業に従事するにあたって、「子育て支援員研修
　事業の実施について」（平成27年5月21日付雇児発0521第18号）の別
　紙「子育て支援員研修事業実施要綱」（以下「子育て支援員研修事業実施
　要綱」という。）別表1に定める基本研修及び別表2−2の3に定める子
　育て支援員専門研修（地域子育て支援コース）の「地域子育て支援拠点事
　業」に規定する内容の研修を修了していることが望ましい。

⑶　実施主体（委託先を含む。）は、事業に従事する者を子育て支援員研修
　実施要綱別表3及び別表4に定めるフォローアップ研修及び現任研修その
　他各種研修会やセミナー等へ積極的に参加させ、事業に従事する者の資
　質、技能等の向上を図ること。

⑷　近隣地域の拠点施設は、互いに連携・協力し、情報の交換・共有を行う
　よう努めるとともに、保育所、福祉事務所、児童相談所、保健所、児童委
　員（主任児童委員）、医療機関等と連携を密にし、効果的かつ積極的に実
　施するよう努めること。

6　費用

⑴　本事業の実施に要する経費について、国は別に定めるところにより補助
　するものとする。

⑵　事業を実施するために必要な経費の一部を保護者から徴収できるものと
　する。

「子ども・子育て支援交付金の交付について」
（平成 28 年 7 月 20 日府子本第 474 号）の
別紙「子ども・子育て支援交付金交付要綱」（抄）
（地域子育て支援拠点事業抜粋）

注　令和 4 年 11 月 29 日府子本第 1004 号改正現在

別表

1 事業	2 区分	3 基準額	4 対象経費	5 負担割合
地域子育て支援拠点事業	地域子育て支援拠点事業	1　運営費（1 か所当たり年額） ⑴　一般型 　ア　基本分 　　㋐　3〜4 日型 　　　・職員を合計 3 名以上配置する場合 　　　　　　　　　　　5,700,000 円 　　　・職員を合計 2 名配置する場合 　　　　　　　　　　　4,199,000 円 　　㋑　5 日型 　　　・常勤職員を配置する場合 　　　　　　　　　　　8,398,000 円 　　　・非常勤職員のみを配置する場合 　　　　　　　　　　　5,149,000 円 　　㋒　6〜7 日型 　　　・常勤職員を配置する場合 　　　　　　　　　　　8,973,000 円 　　　・非常勤職員のみを配置する場合 　　　　　　　　　　　6,100,000 円 　　※　㋑及び㋒について、「平成 24 年度子育て支援交付金の交付対象事業等について」1⑸③センター型（経過措置（小規模型指定施設）の場合を除く）として実施し、引き続き同様の事業形態を維持している場合には、「『常勤職員』を配置した場合」の補助基準額を適用することができるものとする。 　イ　加算分 　　㋐　子育て支援活動の展開を図る取組 　　　3〜4 日型　　　　1,555,000 円 　　　5 日型　　　　　3,306,000 円 　　　6〜7 日型　　　2,931,000 円 　　㋑　地域支援　　　1,518,000 円 　　㋒　特別支援対応加算　1,062,000 円 　　㋓　研修代替職員配置加算 　　　　1 人当たり年額　　22,000 円	地域子育て支援拠点事業の実施に必要な経費	国 1／3 〔都道府県 1／3〕 〔市町村 1／3〕

　　　　(オ)　育児参加促進講習休日実施加算
　　　　　　　　　　　　　　　400,000 円

　(2)　出張ひろば　　　　　1,547,000 円

　(3)　小規模型指定施設
　　ア　基本分　　　　　　　3,046,000 円
　　イ　加算分　　　　　　　1,523,000 円

　(4)　連携型
　　ア　基本分
　　　3〜4日型　　　　　　1,983,000 円
　　　5〜7日型　　　　　　3,008,000 円
　　イ　加算分
　　　(ア)　地域の子育て力を高める取組
　　　　　　　　　　　　　　　486,000 円
　　　(イ)　特別支援対応加算　1,062,000 円
　　　(ウ)　研修代替職員配置加算
　　　　　　1人当たり年額　　　22,000 円
　　　(エ)　育児参加促進講習休日実施加算
　　　　　　　　　　　　　　　400,000 円
　※　事業実施月数（1月に満たない端数を
　　生じたときは、これを1月とする。）が
　　12月に満たない場合には、各基準額（加
　　算分も含む）ごとに算定された金額に
　　「事業実施月数÷12」を乗じた額（1円
　　未満切り捨て）とする。月によって開所
　　日数等が変動し、基準額が複数となる場
　　合は、各基準額に「事業実施月数÷12」
　　を乗じること。

2　開設準備経費（1か所当たり年額）
　(1)　改修費等
　　　　1か所当たり　　　　4,000,000 円
　(2)　礼金及び賃借料（開設前月分）
　　　　1か所当たり　　　　　600,000 円
　※　(1)(2)とも令和4年度に支払われたもの
　　に限る。

巻末資料

本冊子を実践でご活用いただくために

　NPO法人子育てひろば全国連絡協議会では、地域子育て支援拠点事業等の従事者の方々を対象に、本書を使用して基礎的知識や応用技術を育成する研修を実施しております。

　また、全国共通の研修制度として定められている子育て支援員研修の実施の際もご活用いただいております。

　ほかにも、ご要望に応じて当協議会の理事もしくは研修担当者が拠点に直接赴き、「講義型研修」や「ひろばコンサルテーション」などを行い、拠点の課題を一緒に検討します。

　ぜひ、地域子育て支援拠点の質の向上とスタッフのスキルアップのためにご活用ください。

※研修等をご希望の場合は、ひろば全協事務局へご連絡ください。研修費のお見積りをいたします。

基礎研修

■参加対象

　地域子育て支援拠点事業等、乳幼児とその保護者が交流する場の現任スタッフで、両日のプログラムに参加可能な方。

■プログラム

【基礎研修2日型】　※ご要望に応じて1日型も実施可能です。

1日目…基礎研修（講義とグループワーク） 　　　　所要時間：約6～7時間

↓　約1か月の実践期間

2日目…フォローアップ研修（グループワーク中心） 　　1か月間の実践のふりかえりの中で自分自身の変化に気づき、日ごろの活動を評価することで、研修内容をより深く定着させます。 　　所要時間：約3時間

↓

修了証書発行 ※応用研修の受講が可能となります。

■講師とファシリテーター数名を派遣します。

応用研修

■参加対象

　基礎研修の修了証書をお持ちの方。

　地域子育て支援拠点事業等、乳幼児とその保護者が交流する場の現任スタッフで、両日のプログラムに参加可能な方。

■プログラム

【応用研修2日型】　※ご要望に応じて1日型も実施可能です。

1日目…応用研修（講義とグループワーク） 　　　　所要時間：約6～7時間

↓　約1か月の実践期間

2日目…フォローアップ研修（グループワーク中心） 　1か月間の実践のふりかえりの中で自分自身の変化に気づき、利用者の背景 　を理解しながら実践の課題を出し合い、解決策を一緒に考えます。 　所要時間：約3時間

↓

修了証書発行

■講師とファシリテーター数名を派遣します。

中堅者研修

　地域子育て支援拠点事業の中堅従事者の方を対象に、地域における子育て支援に関する専門知識や技術等の習得を目的として開発したプログラムです。基礎研修・応用研修を受講していない方も受講できます。

■参加対象

　地域子育て支援拠点事業等、乳幼児とその保護者が交流する場の中堅の現任スタッフ。

■講師とファシリテーター数名を派遣します。

■プログラム

【中堅者研修1日型】

事前課題（郵送）に取り組んで参加 当日…中堅者研修（講義とグループワーク） 　　　　所要時間：約7時間

ご連絡先：NPO法人子育てひろば全国連絡協議会（ひろば全協）
　　　　　〒222-0037　神奈川県横浜市港北区大倉山1-12-18-303
　　　　　TEL：045-531-2888／045-546-9970　FAX：045-512-4971
　　　　　E-mail：info@kosodatehiroba.com
　　　　　https://kosodatehiroba.com

編　　集

NPO 法人子育てひろば全国連絡協議会

編集著作

渡辺　顕一郎・橋本　真紀

執筆者一覧（執筆順）

渡辺　顕一郎（日本福祉大学　教授）…第 1 章 1 〜 3、第 2 章 1 〜 4、第 3 章 1 ❶・3・
　　　　　　4 ❶・❷ 05

橋本　真紀（関西学院大学　教授）…第 1 章 4、第 3 章 4 ❷ 06・07、第 4 章 1・3

奥山　千鶴子（NPO 法人子育てひろば全国連絡協議会　理事長）…第 3 章 1 ❷・2・
　　　　　　4 ❷ 01・02、第 5 章「練馬区立地域子ども家庭支援センター光が丘」
　　　　　　「0・1・2・3 才とおとなの広場　遊モア」

坂本　純子（NPO 法人子育てひろば全国連絡協議会　副理事長）…第 5 章「わくわ
　　　　　　くるーむ」「広場さぷり」「上田市中央子育て支援センター」

金山　美和子（長野県立大学　准教授）…第 3 章 4 ❷ 03、第 4 章 2

大豆生田　啓友（玉川大学　教授）…第 3 章 4 ❷ 04

新澤　拓治（社会福祉法人雲柱社　施設長）…第 3 章 4 ❷ 08・09

※本書は、平成 21 年度児童関連サービス調査研究等事業地域子育て支援拠点事業における
　活動の指標「ガイドライン」の平成 28 年度改訂版に基づいて作成しました。

執筆者略歴（執筆順）

渡辺 顕一郎（わたなべ・けんいちろう）
日本福祉大学教育・心理学部教授。京都国際社会福祉センター、四国学院大学教員を経て 2007 年度から現職。2002 年に香川県善通寺市において地域の有志の人たちと共にNPO 法人「子育てネットくすくす」を設立。大学教員としての職務の傍ら、地域子育て支援拠点や児童発達支援事業の運営にも携わってきた。専攻は子ども家庭福祉。関西学院大学大学院博士課程修了（社会福祉学博士）。厚生労働省社会保障審議会児童部会委員、同省障害児支援の在り方に関する検討会委員、文部科学省家庭教育支援手法等に関する検討委員会委員などを歴任。

橋本 真紀（はしもと・まき）
関西学院大学教授。私立幼稚園、公立保育所（保育士）で勤務の後、子育て支援を学びたいと大学に編入学。大学、大学院に所属しつつ、市民として地域の子育て情報冊子作成や子育てサークル交流会等に携わる。大学院卒業後、ファミリー・サポート・センター、地域子育て支援センターで勤務。現在は、地域子育て支援者の支援や研究を行っている。大阪市立大学大学院博士課程修了、博士（学術）。厚生労働省子育て支援員研修制度に関する検討会委員。

奥山 千鶴子（おくやま・ちづこ）
NPO 法人子育てひろば全国連絡協議会理事長。認定 NPO 法人びーのびーの理事長。
横浜市の港北保健所（現在の港北区福祉保健センター）の子育て通信づくりにボランティアとして携わりながら、地域の親たちと平成 12 年4月、商店街空き店舗を活用して子育て家庭の交流の場「おやこの広場びーのびーの」を立ち上げる。平成 18 年3月港北区地域子育て支援拠点「どろっぷ」受託。子育てひろばにかかわるスタッフ研修の必要性を感じ、実践者をサポートする中間支援団体「子育てひろば全国連絡協議会」を平成 19 年度に法人化した。にっぽん子ども・子育て応援団企画委員。内閣府子ども・子育て会議委員。

坂本 純子（さかもと・じゅんこ）
NPO法人子育てひろば全国連絡協議会副理事長。NPO法人新座子育てネットワーク代表理事。1999年より埼玉県新座市で地域子育て支援センターや児童センターを運営しながら、全国のNPOや行政とともに、地域子育て・家庭教育・男女共同参画・父親支援・子どもの貧困・地域ICT等の課題に取り組み、政府・自治体・企業・海外NGOとも連携を深める。埼玉県地域福祉推進計画や新座市子ども子育て会議・社会教育委員・図書館協議会などの公職多数。2015年から埼玉県・神奈川県・千葉県の子育て支援員研修の講師を務める。

金山 美和子（かなやま・みわこ）
長野県立大学健康発達学部准教授。専門は保育学・子育て支援。大学卒業後私立幼稚園に11年間勤務。第2子出産後子育てネットワーク活動に励みつつ上越教育大学大学院学校教育研究科幼児教育専攻へ。子どもと家庭を支える保育者・子育て支援者の養成を目指して平成14年から短大教員となる。平成30年4月より現職。NPO法人マミーズ・ネット理事。長野県将来世代応援県民会議委員。長野県社会福祉審議会子育て支援専門分科会会長。

大豆生田 啓友（おおまめうだ・ひろとも）
玉川大学教育学部乳幼児発達学科教授。専門は乳幼児教育学・保育学・子育て支援。青山学院大学大学院文学研究科教育学専攻修了後、青山学院幼稚園教諭等を経て現職。日本保育学会副会長、墨田区子ども・子育て会議会長。認定NPO法人びーのびーの理事・アドバイザー。3人の子どもの父親として、子育て当事者の視点にも立ち、乳幼児期の教育・保育の質的研究および子育て支援研究を行う。

新澤 拓治（しんざわ・たくじ）
社会福祉法人雲柱社 施設長。東京都江東区にある神愛保育園に保育士として勤務。いち早く地域子育て支援センターに取り組むなど地域に根ざした保育を経験。その後江東区子ども家庭支援センターみずべの開設スタッフとなり、そこから子育てひろばの深い世界にのめりこみ実践を続けている。江東区大島子ども家庭支援センター長、練馬区立光が丘子ども家庭支援センター長、練馬区立大泉子ども家庭支援センター長を経て、2017年より再び練馬区立光が丘子ども家庭支援センター長となり、現在に至る。認定NPO法人びーのびーの理事。

詳解　地域子育て支援拠点ガイドラインの手引（第4版）
——子ども家庭福祉の制度・実践をふまえて——

2023 年 1 月 20 日　　発行

編　　著　　渡辺顕一郎・橋本真紀

編　　集　　NPO 法人子育てひろば全国連絡協議会

発 行 者　　荘村明彦

発 行 所　　中央法規出版株式会社

〒110-0016　東京都台東区台東3-29-1 中央法規ビル

TEL 03-6387-3196

URL　　https://www.chuohoki.co.jp/

本文・装幀デザイン　　ケイ・アイ・エス

印刷・製本　　長野印刷商工株式会社

ISBN978-4-8058-8800-1